Die Rauschgetränke

Arthur Holitscher

Impressum

Autor: Arthur Holitscher
Umschlagkonzept: toepferschumann, Berlin

Verlag: tradition GmbH, Hamburg
ISBN: 978-3-8472-3673-3
Printed in Germany

Tucholsky Wagner Zola Scott Sydow Freud Schlegel

Turgenev Wallace Fonatne

Twain Walther von der Vogelweide Fouqué Friedrich II. von Preußen

Weber Freiligrath Frey

Fechner Fichte Weiße Rose von Fallersleben Kant Ernst Frommel

Richthofen

Engels Fielding Hölderlin

Fehrs Faber Flaubert Eichendorff Tacitus Dumas

Maximilian I. von Habsburg Fock Eliasberg Zweig Ebner Eschenbach

Feuerbach Ewald Eliot Vergil

Goethe Elisabeth von Österreich London

Mendelssohn Balzac Shakespeare Dostojewski Ganghofer

Trackl Stevenson Lichtenberg Rathenau Doyle Gjellerup

Mommsen Tolstoi Hambruch

Thoma Lenz Hanrieder Droste-Hülshoff

von Arnim

Dach Verne Hägele Hauff Humboldt

Reuter Rousseau Hagen

Karrillon Garschin Hauptmann Gautier

Damaschke Defoe Hebbel Baudelaire

Descartes

Hegel Kussmaul Herder

Wolfram von Eschenbach Dickens Schopenhauer

Bronner Darwin Melville Grimm Jerome Rilke George

Campe Horváth Aristoteles Bebel Proust

Bismarck Vigny Barlach Voltaire Federer Herodot

Gengenbach Heine

Storm Casanova Tersteegen Gilm Grillparzer Georgy

Chamberlain Lessing Langbein

Brentano Gryphius

Strachwitz Claudius Schiller Lafontaine

Katharina II. von Rußland Kralik Iffland Sokrates

Bellamy Schilling

Gerstäcker Raabe Gibbon Tschechow

Löns Hesse Hoffmann Gogol Wilde Gleim Vulpius

Luther Heym Hofmannsthal Klee Hölty Morgenstern

Roth Heyse Klopstock Kleist Goedicke

Luxemburg Puschkin Homer Mörike

La Roche Horaz Musil

Machiavelli Kierkegaard Kraft Kraus

Navarra Aurel Musset Lamprecht Kind Moltke

Nestroy Marie de France Kirchhoff Hugo

Laotse Ipsen Liebknecht

Nietzsche Nansen Ringelnatz

Marx Lassalle Gorki Klett Leibniz

von Ossietzky May Irving

vom Stein Lawrence

Petalozzi Knigge

Platon Kafka

Sachs Pückler Michelangelo Kock

Poe Liebermann Korolenko

de Sade Praetorius Mistral Zetkin

Der Verlag tredition aus Hamburg veröffentlicht in der Reihe **TREDITION CLASSICS** Werke aus mehr als zwei Jahrtausenden. Diese waren zu einem Großteil vergriffen oder nur noch antiquarisch erhältlich.

Symbolfigur für **TREDITION CLASSICS** ist Johannes Gutenberg (1400 — 1468), der Erfinder des Buchdrucks mit Metalllettern und der Druckerpresse.

Mit der Buchreihe **TREDITION CLASSICS** verfolgt tredition das Ziel, tausende Klassiker der Weltliteratur verschiedener Sprachen wieder als gedruckte Bücher aufzulegen – und das weltweit!

Die Buchreihe dient zur Bewahrung der Literatur und Förderung der Kultur. Sie trägt so dazu bei, dass viele tausend Werke nicht in Vergessenheit geraten.

Dr. med. A. Holitscher

Die
Rauschgetränke

Zweite Auflage

Heidelberg

Verlag Fritz Heubach

Vorwort

Als mich der Verlag, in dem das vorliegende Bändchen in der 1. Auflage erschienen ist, aufforderte, für die von ihm herausgegebene Sammlung ein Bändchen über den Alkoholismus zu verfassen, war meine erste Regung die, den Antrag abzulehnen und von der Aufnahme einer Arbeit über diesen Gegenstand abzuraten. Denn wozu die mehr als genügend große Zahl von guten und minderguten Werken, Schriften und Schriftchen über einen Gegenstand, der in den letzten Jahren so oft und ausführlich, so leidenschaftlich und gelehrt behandelt worden ist, noch vermehren? Kann nicht jeder, der sich über diesen Zweig des Wissens unterrichten will, je nach Bildung, Beruf und Gesinnung aus so vielen ergiebigen und vorzüglichen Quellen[1] schöpfen, daß es wirklich Eulen nach Athen tragen hieße, noch einmal zu sagen, was besser als es schon geschehen, doch nicht mehr gesagt werden kann? Dann aber überlegte ich mir den Vorschlag noch einmal. Eine Sammlung von Reformschriften will der Verlag herausgeben, so wurde mir geschrieben: darf in dieser Sammlung das allerwichtigste Reformgebiet, darf die Krone aller Erneuerungen, die Umformung der Trinksitten, fehlen? Wäre es nicht eine Lücke, die das ganze Werk zu einem Bruchstück machen müßte? Darf denn die Veröffentlichung gerade dieses Bändchens auch nur verschoben werden, muß es nicht vielmehr eines der allerersten sein, um dadurch zu betonen, welch hervorragenden Platz unter den Reformen die Ausrottung der betäubenden Genüsse einnimmt?

Daß schon viel über die Frage *geschrieben* wurde, ist wahr; ebenso richtig ist es aber, daß noch lange nicht genug über sie *gelesen* wird und es heute noch unzählige Menschen aller Stände und Klassen, auch der mit mehr oder weniger Recht sich zu den »Gebildeten« zählenden, gibt, die über Trinksitte und Enthaltsamkeit schlecht

---

[1] Zur Belehrung über die Alkoholfrage empfehle ich folgende Schriften: Bergmann-Kraut, Geschichte der Antialkoholbestrebungen; von Bunge, Die Alkoholfrage; Delbrück, Hygiene des Alkoholismus; Forel, Hygiene der Nerven und des Geistes; von Gruber, Hygiene des Ich; Hoppe, Die Tatsachen über den Alkohol; Helenius, Die Alkoholfrage; Pfleiderer, Bilderatlas zur Alkoholfrage; Rosenfeld, Der Einfluß des Alkohols auf den Organismus.

oder gar nicht unterrichtet sind. Müssen wir darum nicht jeden Weg willkommen heißen, der sich uns zu den Geistern und Gemütern des Volkes darbietet? Dürfen wir zögern, ein Anerbieten des Verlages anzunehmen, der seine Bändchen gewiß unter das Publikum zu bringen wissen wird, von dem der größte Teil über die Absichten und Bestrebungen der Enthaltsamkeitsbewegung nicht unterrichtet ist?

Diese Überlegungen trugen den Sieg davon; ich sagte zu. Es widerstrebte mir aber, die zahllosen Beweise, die für die Schädlichkeit des Alkoholgenusses zusammengetragen worden sind, noch einmal aufzuzählen, alle die Zahlen, Statistiken, Tafeln, Krankheitsgeschichten aufs neue mitzuteilen, Untersuchungsprotokolle abzuschreiben und Autoritäten zu zitieren: ich fühle mich zu schwach, um das besser zu machen als es Delbrück, Hoppe, Helenius, Rosenfeld und so viele andere in ihren vortrefflichen Arbeiten bereits getan haben, die ich jedem wärmstens empfehle, der sich über diese Dinge näher unterrichten will. Wohl aber fühlte ich das Bedürfnis und die Begeisterung in mir, die Anschauungen und Gefühle eines »fanatischen« Abstinenten, zu denen mich die Gegner mit einigem Rechte zählen, darlegen, die wissenschaftlichen, ethischen und sozialen Grundlagen der Enthaltsamkeitsbewegung mit der Überzeugungstreue eines unnachgiebigen Hassers aller Rauschgetränke und der Sachkenntnis eines in der Fachliteratur einigermaßen vertrauten und den treibenden Kräften der modernen Antialkoholbewegung nahestehenden Beobachters schildern zu können. Das habe ich nach bestem Wissen und Gewissen zu tun versucht; meine Freunde und Kampfgenossen werden daher in dem Büchlein kaum etwas Neues, aber wohl auch kaum Anlaß zu Widerspruch finden, vielleicht erweist es sich ihnen brauchbar, Feinde und Zweifler zu weniger voreingenommenen Ansichten zu bekehren. Die große Zahl Derer aber, die so eifrig und selbstbewußt über die Enthaltsamkeitsbewegung den Stab brechen, ohne ihre Grundsätze, Beweggründe und Arbeitsweisen zu kennen, möge diesem Bändchen entnehmen, wie ein aufrechter Bekenner dieser Lehre, kein ausgedienter Säufer übrigens, was ich zur Vermeidung von Mißverständnissen feststellen möchte, fühlt, denkt und handelt; vielleicht urteilen sie dann gerechter über uns.

Pirkenhammer bei Karlsbad, Ende März 1912.

Dr. med. Arnold Holitscher.

Vorwort zur 2. Auflage

Das Büchlein hat freundliche Aufnahme gefunden und wurde manchen lobenden Wortes wert gehalten; Ausstellungen am Inhalte sind fast keine gemacht worden, darum glaubte ich auch keine fachlichen Veränderungen vornehmen zu sollen.

Hingegen wurde gegen die Arbeit mit Recht der Vorwurf erhoben, daß sie sehr viele überflüssige *Fremdworte* enthalte, wodurch die Gemeinverständlichkeit leide und der Sprachgeist beleidigt werde. Darum habe ich mich bei Vorbereitung der 2. Auflage bemüht, alle durch gleichsinnige deutsche Worte ersetzbaren Fremdworte auszumerzen; sonst wurden nur kleine stilistische Aenderungen vorgenommen und einige Irrtümer verbessert.

Pirkenhammer bei Karlsbad, im Mai 1914.

Dr. Holitscher

Der Trunk in Geschichte und Völkerkunde

Auf welche Weise sind die Menschen in den Besitz des Geheimnisses gelangt, aus Zuckerlösung berauschende Getränke zu bereiten? Wann und wo gelang zum ersten Male diese für die Kultur so überaus bedeutungsvolle Umwandlung? War es ein natürlicher, unüberwindlicher Drang, ein Instinkt, der sie auf die Suche nach dem Genußgifte schickte, so wie sie Nahrung und Wasser mit Einsatz des Lebens zu erringen bemüßigt waren?

Die Antwort auf die beiden ersten Fragen können wir nicht geben, sie wird wohl auch niemals gefunden werden, denn ohne Zweifel fällt die erste Bereitung eines geistigen Getränkes in vorgeschichtliche Zeiten, über die der Schleier ewiger Dunkelheit gebreitet ist. Auch ist es gewiß, daß die Entdeckung der Gärung nicht einmal, sondern wiederholt und an verschiedenen Orten der Erde auf's neue gemacht wurde; denn dieser Vorgang kann durch Zufälle, wie sie sich im Leben der Naturvölker besonders in warmen Gebieten überaus leicht ereignen, bei nur einigermaßen fortgeschrittener Beobachtungsgabe unschwer entdeckt werden. Die dritte Frage können wir auf Grund unserer Kenntnisse aber mit Sicherheit beantworten: es ist kein Zwang, kein natürlicher Trieb, der die Menschen zur Bereitung der gegorenen Getränke geführt hat, lediglich durch *Zufall* lernten sie das verführerische Genußmittel, seine merkwürdige Wirkung auf die Seele kennen, um dann freilich, sobald sie der nur allzu rasch erworbenen Sucht verfallen waren, mit heißem Bemühen und gierigem Hasten nach dem Besitze des ersehnten Trankes zu streben. Es gab Stämme und Völker, die Jahrtausende ohne geistige Getränke lebten, ohne auch nur deren Dasein zu ahnen oder irgend ein Verlangen danach zu empfinden. Von dem Tage aber, an dem ein solches in ihr Dasein eintrat, waren sie ihm verfallen, ergaben sich zügellos seinem Genüsse, um oft genug die kurze Lust mit dem Verfalle und dem Tode zu büßen.

Auf demselben Wege des zufälligen Fundes sind die Menschen ohne Zweifel auch in den Besitz aller anderen recht zahlreichen Genußgifte aus dem Pflanzenreiche gelangt, die gegenwärtig teils neben den geistigen Getränken, teils an ihrer Stelle auf dem ganzen Erdenrunde verbraucht werden: Kaffee, Tee, Tabak, Haschisch,

Opium, Betel, Kola, Koka, Mate, um nur die wichtigsten zu nennen; sie alle aber unterscheiden sich in einem sehr wichtigen und belangreichen Punkte vom Alkohol: der Stoff, um dessen willen sie genossen werden, ist vorgebildet in ihnen enthalten und bedarf keiner oder nur geringer Bearbeitung, um genußfertig zu werden, während keines der Gewächse, aus denen Alkohol bereitet wird, eine Spur von ihm aufweist: bekanntlich muß er erst durch einen mehr oder minder verwickelten Vorgang aus dem Zucker, bezw. der Stärke der Weintraube, der Gerste, des Reises, der Kartoffeln, des Honigs usw. hergestellt werden. Und noch etwas: Kaffee, Tabak, Mate usw. sind für den Menschen wertlos bis auf das Nervengift, das aus ihnen gewonnen wird; sie würden nicht beachtet, geschweige denn angebaut werden, würden sie es nicht enthalten. Ganz anders steht es mit den Gewächsen, die zur Gärung oder Destillierung verwendet werden: es sind wertvolle Kulturpflanzen, die zu den unentbehrlichsten Nahrungsmitteln der Menschen gehören; sie müssen zerstört, zur Ernährung unbrauchbar gemacht, in ein zwar die Sinne umschmeichelndes, den Organismus aber untergrabendes Genußmittel umgewandelt werden.

Von den geistigen Getränken waren bis zur Erfindung des Branntweins Wein und Bier die bei weitem wichtigsten und verbreitetsten; welches von beiden älter ist, wird sich schwerlich entscheiden lassen. Sicher ist, daß in Aegypten bereits 2500 Jahre v. Chr. die Biererzeugung und der Bierverbrauch eine ansehnliche Höhe erreicht hatte; die Anfänge der Bierfabrikation müssen daher dort noch viel weiter zurück verlegt werden. Die ersten beglaubigten Nachrichten über die Pflege des Weinstockes und Weinerzeugung werden aus Vorderasien und den Mittelmeergegenden gemeldet: wann und von wem zuerst der Honig zur Methbereitung, der Reis zur Erzeugung des in Ostasien verbreiteten Sake verwendet wurde, entzieht sich ganz unseren Kenntnissen.

Das Bier wurde in geschichtlichen Zeiten auf lange hinaus fast ganz vom Weine verdrängt; die Kulturträger des Altertums, die Griechen und Römer, die führenden Völker des Mittelalters befriedigten ihr Bedürfnis nach Alkohol fast ausschließlich mit Wein; wurde auch in Deutschland Bier gebraut, so war es doch so schwach alkoholhaltig, daß es nur als Hausgetränk in Betracht kam und kaum als berauschend angesehen wurde. Was uns an Nachrichten über Trinksitten und Trinkauswüchse aus jenen Zeiten zukommt, bezieht sich so gut wie ausschließlich auf den Wein. Erst gegen das Ende des Mittelalters nahm die Brauerei in Deutschland einen solchen Umfang an, daß Luther sich zu seinem bekannten Ausspruche gedrängt sah: »Wer erstlich Bier gebraut hat, *ille fuit pestis Germaniae.*« Und so weit die Nachrichten über die Kenntnisse der geistigen Getränke zurückgehen, so weit reichen auch die Urkunden über ihren Mißbrauch, über das Umsichgreifen der Trunksucht. Im alten Ägypten muß schon unheimlich getrunken worden sein, ausgegrabene Papyrusse bringen Jahrtausende alte Klagen über die Saufereien der Studenten ans Tageslicht, auf künstlerischen Darstellungen findet man Abbildungen der bekannten Rückwirkung des Magens auf die Zufuhr zu großer Alkoholmengen. Welche Rolle der Dienst des Dionysos bei den Griechen spielte, daß der Wein bei den Mysterien reichlich floß, und zur Blütezeit Athens bereits eine sehr verderbliche Wirkung auf Charakter und Sitte ausübte, ist bekannt. In Alexander dem Großen finden wir ein klassisches Schulbeispiel für den Einfluß, den der Trunk auf die Weltgeschichte genommen hat; wer kann sagen, welche Wendung die Geschicke des mazedonischen Reiches genommen hatten, wenn Alexander kein Alkoholiker gewesen wäre?

Die Römer waren nüchtern, so lange sie Selbstzucht kannten und übten, so lange sie im harten Kampfe mit ihren Feinden lagen. Sie verfielen dem Trunke, als sie reich und sorglos wurden, und der Trunk hat ihre Kraft untergraben, hat sie dem Verfalle und dem Untergange preisgegeben. Das kaiserliche Rom zeigt uns die verhängnisvolle Wechselwirkung zwischen Entartung und Trinkgebräuchen; beide sind Ursache, beide sind Wirkung, eines vermehrt und fördert das andere.

Dieser verhängnisvollen Verkettung fielen auch die vielen Germanenheere zum Opfer, die die Alpen überschritten und dem römischen Reiche die Herrschaft über die Welt entrissen, die schon durch das Christentum ins Wanken gekommen war. Es ist unleugbar, daß dem Deutschen ein besonderer Hang zum Trinken innewohnt und deshalb die Alkoholsitten bei ihm tiefer ins tägliche Leben eingedrungen sind als bei irgend einem anderen Volke und zwar, was beachtet werden muß, nicht etwa erst in der Zeit des Verfalles und der Entartung wie bei den Griechen, Römern oder

Romanen, sondern auch schon zur Zeit der Entwicklung und des Aufstiegs. Das Zu- und Wetttrinken, die Ausbildung der Trinkgebräuche, die Verherrlichung des Trunkes hat nirgends einen solchen Grad erreicht, wurde niemals so ausgebildet und gepflegt wie an den fürstlichen und bischöflichen Höfen Deutschlands, auf den Ritterburgen und in den Ratskellern. Die Auswüchse und Ausschweifungen, von denen uns in unzähligen Schriftbelegen berichtet wird, sind haarsträubend und unglaublich.

Es drängt sich natürlich die Frage auf – und sie ist von Freunden des »guten Tropfens« auch schon oft genug gestellt worden –: »Wenn die Deutschen schon seit vielen Jahrhunderten so arg gesoffen haben, müßten sie denn dann nicht schon längst entartet und zu Grunde gegangen sein, falls der Alkoholgenuß wirklich jene vernichtende Wirkung auf Einzelwesen und Nation hätte, die ihm von den »Fanatikern« zugeschrieben wird? Liegt denn nicht darin, daß diese unbändigen Saufereien ungestraft geblieben sind – und das sind sie, wie der Aufstieg des deutschen Volkes beweist – ein unwiderlegbarer Beweis dafür, daß es mit den Gefahren des Trinkens, selbst des unmäßigen, lange nicht so weit her ist wie schwarzseherische Bangemacher uns befürchten lassen wollen?«

Nein! Nicht ein einziges Beweismittel der Wasserfanatiker wird durch die Geschichte Lügen gestraft. Denn mag auch der unmäßige Trunk im Leben des deutschen Volkes seit jeher eine verhängnisvolle Rolle gespielt haben – *bis in die neueste Zeit hinein gab es Stände und Volksschichten, die sich von seiner Herrschaft freizuhalten* verstanden haben und aus denen sich die durch die Völlerei verdorbenen und abgestorbenen Glieder wieder ergänzten. Von jenen Rittergeschlechtern, von jenen fürstlichen Familien, von jenen Patriziern, die den Wein aus ungeheuren Pokalen tranken, schon morgens zum Humpen griffen, wüste Gelage feierten und dem Leben den Suff als Hauptinhalt gaben, sind nur wenige übriggeblieben. Aus dem Bauern- und Kleinhandwerkerstande, der jene Sitten zwar vielleicht bewunderte und neidete, aber aus dem sehr triftigen Grunde der Mittellosigkeit nicht mitmachen konnte, stiegen erst allmählich junge, unverdorbene Kräfte hervor, die dem deutschen Volke in späterer Zeit Heerführer, Adel, Dichter und Denker wurden. Erst in jüngster Zeit verschwindet rasch und immer rascher der von der Trinksitte unberührte Ersatz; durch den neuzeitlichen Ver-

kehr und den Kapitalismus wurde die Trinkgewohnheit zum Gemeingute des ganzen Volkes gemacht, wurde ein Netz der Verführung über reich und arm, groß und klein geworfen, dem sich weder
Bauer, noch Arbeiter entziehen kann. Gefahren, die früher niemals
bestanden, sind dadurch heraufbeschworen worden.

Zwei Ergebnisse haben im Laufe der Entwicklung weitgehends-
ten Einfluß auf die Beziehungen des Menschengeschlechtes zu den
Rauschgetränken genommen: das Weinverbot des Islams ist das
eine, die Erfindung der Destillation das andere.

Zwar hatte Buddha schon 1000 Jahre vor Mohammed das viel
strengere und allgemeinere Verbot erlassen: »Du sollst keine berauschenden Getränke genießen«: aber die Enthaltsamkeit der Mohammedaner ist aus verschiedenen Gründen viel bemerkenswerter
und wichtiger. Das Verbot des Buddhismus ist nur ein Teil des as-
ketischen Lebensgrundsatzes, der dieser Religion zu Grunde liegt;
auf alle Sinnesgenüsse zu verzichten und die irdischen Freuden zu
verachten ist ja das Ziel und die Pflicht der Brahmanen seit jeher
gewesen und wurde auch in die Religion Buddhas aufgenommen.
Dann aber ist der Europäer mit den Indiern bis vor verhältnismäßig
kurzer Zeit nur in ganz oberflächliche Berührung gekommen, so
daß ihm das Leben dieser seltsamen Menschen fremd und geheim-
nisvoll war, jedenfalls ganz ohne Einfluß auf seine Anschauungen
bleiben mußte.

Anders bei den Anhängern des Islams. Mohammed war bekanntlich alles eher als Asket, und auch die Gläubigen sind den Genüssen
des Lebens keineswegs abhold: der Weingenuß einzig und allein ist
verboten und eben darum machte die Enthaltsamkeit der Islamiten
auf alle christlichen Völker, die mit ihnen in Berührung kamen,
tiefen Eindruck. Die Gelegenheit dazu war in den Jahrhunderte
währenden erbitterten Kriegen, die mit Türken und Arabern geführt wurden, während der Kreuzzüge und der Herrschaft der Kha-
lifen über so viele christliche Völkerschaften in reichstem Maße
gegeben.

Über die Gründe, die Mohammed zu seinem Verbot veranlaßt
haben mögen, lassen sich nur Vermutungen aussprechen: das
wahrscheinlichste ist wohl, daß er, der persönlich keinen besonde-
ren Gefallen am Trinken fand, die Gefahren und Unzukömmlichkei-

ten des Trunkes klar erkannte und seinem Volke die gesundheitlichen und sittlichen Schäden ersparen wollte, die sich ihm als Folgen der Trinksitte darboten. Das Weinverbot wäre sonach in eine Reihe mit den anderen gesundheitlichen Vorschriften zu stellen, wie sie das alte Testament und der Koran ja in großer Zahl enthalten.

Für die Abstinenten ist die durch einen einzigen Gesetzparagraphen verordnete und die Jahrhunderte hindurch gehorsam befolgte Vorschrift (denn die Ausnahmen, die erst in den letzten Jahrzehnten häufiger werden und auch jetzt noch bei den Arabern fast unbekannt sind oder strenge bestraft werden, können gar nicht in Betracht gezogen werden) ein leuchtendes und klassisches Beispiel für die Richtigkeit des Satzes, daß Enthaltsamkeit leicht einzuführen und einzuhalten, Mäßigkeit (nicht für den einzelnen, wohl aber für die Gesamtheit) jedoch unerreichbar ist. Wer glaubt wohl, daß Mohammed mit einer Vorschrift, die Gläubigen sollten nur mäßig Wein genießen, das allergeringste erreicht hätte? Genau so wenig wie die zahllosen christlichen Kirchenväter und Prediger, die von der Kanzel herunter gegen Trunksucht und Völlerei gedonnert haben! Trinke nichts, ist leicht befolgbar, trinke wenig, für die meisten ein leeres Wort. Selbst wenn zugegeben wird, daß die semitische Rasse von Haus aus weniger Neigung zum Alkoholgenusse hat, erscheint die sogar in der Gegenwart trotz Weltverkehr und Verführung von 300 Millionen Menschen gewahrte Abstinenz als unwiderlegbares Zeugnis für die Erfolgssicherheit des Enthaltsamkeitsgrundsatzes.

Daß wir neben dieser Erkenntnis auch den Namen des Weltgiftes den Mohammedanern verdanken, ist einer der bitteren Scherze, die sich die Weltgeschichte gerne leistet.

»Al kol« wird das Reinste und Feinste im Arabischen genannt; so nennen darum die Alchymisten seit dem 16. Jahrhundert den wichtigsten Bestandteil des Weines. Die Kunst des Destillierens ist auf das Altertum, auf ägyptische und griechische Magierkünste und chemische Forschungen in Alexandriens Laboratorien zurückzuführen.

Langsam begann der Siegeszug der *Aqua ardens*, des Feuerwassers, des Weingeistes, über die Erde, um dann immer rascher zu werden; zunächst waren es die Alchymisten, die in ihren wunderlichen Apparaten den kostbaren Stoff bereiteten, dann erlernten die Apotheker die Kunst und verschafften dem geheimnisvollen Destillate den Ruf eines Lebenselixirs, einer *Aqua vitae.* Bald aber verbreitete sich die Kenntnis, daß man sich die ersehnte Wirkung des Weins durch Genuß des Weingeistes viel rascher und sicherer verschaffen könne, und nun war es nur noch notwendig, die Entdeckung zu machen, daß es nicht des kostspieligen Weines bedürfe, um Spiritus zu bereiten, sondern derselbe Zweck weit wohlfeiler durch Zerstörung der billigen Volksnahrungsmittel Roggen, Kartoffel oder Reis erzielt werden könne, um der Flut von Fusel die Dämme zu öffnen; mit unwiderstehlicher Gewalt ergoß sie sich in alle europäischen Länder und vervielfachte die entsetzlichen Verheerungen, die Krieg, Seuchen und Hungersnot in jenen traurigen Epochen anrichteten. Daß besonders Deutschland darunter zu leiden hatte, kann nicht Wunder nehmen, wenn wir einerseits an die Greuel des dreißigjährigen Krieges, andererseits an den unseligen Hang des deutschen Volkes zu den geistigen Getränken denken. Die verhängnisvolle Wechselwirkung zwischen Entartung und Trunk tritt uns übrigens auch da unverhüllt entgegen; die Zerstörung des Volkswohlstandes und Glückes durch eine wahnwitzige Politik, die Vertreibung zahlloser Familien von Haus und Hof, die Untergrabung aller Sittlichkeit und Zucht trieben die Menschen in hellen Haufen dem einzigen Trostspender, dem Branntweinrausche, in die Arme. Und auf der anderen Seite wäre eine so widerliche, äußerlich und innerlich unsaubere Figur wie der Landsknecht, der Soldat der damaligen Heere, wären derartige Verwilderungen in den höchsten wie in den niedrigsten Kreisen ohne die Vergiftung des Geistes und des Charakters gar nicht möglich gewesen. Zu dem tiefen Sturze Deutschlands im 17. Jahrhundert, an dessen Folgen es Jahrhunderte zu tragen hatte und dem es den niemals wieder zu ersetzenden Verlust seines Volkstumes, die gegenwärtig vier Fünftel des deutschen Sprachgebietes überziehende Rassen- und Stammesvermischung verdankt, hat die unersättliche Gier nach den Rauschgetränken, hat die Branntweinpest der Massen und die Weinvergiftung der Herren mehr als irgend etwas beigetragen. –

Werfen wir einen Blick über den Erdenrund; fragen wir uns, ob der Alkohol seinen Siegeszug vollendet hat und es kein Volk mehr gibt, das sich von ihm freizuhalten verstanden hat. Eines ist sicher:

wohin christliche Kultur gedrungen ist, dort finden wir auch die Bier- und Branntweinfässer, die Wein-, Sekt- und Kognakflaschen. Eskimos, Indianer und Neger, die noch kein geistiges Getränk gekannt hatten, solange sie nicht mit den Segnungen europäischer Gesittung Bekanntschaft gemacht hatten, wurden durch das Feuerwasser vergiftet und oft genug vernichtet. In einem ganzen Weltteile, in Australien, war der Trunk unbekannt, bevor ihn die Europäer dorthin verpflanzten, und auf mancher Insel Polynesiens ist er heute noch so gut wie fremd. 500 Millionen Menschen, etwa ein Drittel der Gesamtheit, alle frommgläubigen Mohammedaner und Buddhisten nämlich, verschmähen den Genuß der geistigen Getränke.

Aber auch unter den Angehörigen der gelben Rasse, bei den Japanern und Chinesen, spielt der Trunk lange nicht jene Rolle wie unter den Weißen. Wenn es bei ihnen auch geistige Getränke verschiedener Art gibt, so sprechen sie ihnen doch nur äußerst mäßig zu; die Nüchternheit der Japaner ist ja weltbekannt und hat sich im Kriege mit Rußland glänzend bewiesen und bewährt. Wenn es gegenwärtig wenigstens in den Haupt- und Handelsstädten und unter dem Proletariats anders zu werden scheint und von den japanischen Beobachtern rasch zunehmende Verbreitung der Trinksitten beklagt wird, so zeigt sich auch da wieder die oft festgestellte Tatsache, daß das Umsichgreifen der Trinksitten eine der ersten Folgen ist, die durch innigere Berührung fremder Völker mit den Europäern hervorgerufen wird. Selbst jene Naturvölker, die sich bereits im Besitze selbstbereiteter alkoholischer Getränke befanden, von denen sie aber nur spärlichen Gebrauch machten, verfielen mit unheimlicher Geschwindigkeit der Trunksucht, wenn ihnen die Weißen, ob sie nun als Freunde oder als Feinde ins Land kamen, den »richtigen« Gebrauch dieser edlen Stoffe wiesen. Die »Reformtürken«, die sich darin gefallen, die Gebärden der Pariser Boulevards nachzuahmen, und das für »Kultur« halten, beeilen sich, ihren Freigeist dadurch zu beweisen, daß sie nach berühmten Mustern kneipen und saufen, wodurch sie den Untergang ihrer an sich minderwertigen Rasse natürlich nur beschleunigen werden. Alle Bewunderer und Nachahmer unserer modernen Zivilisation finden in den Trinkfitten einen ihrer unentbehrlichen Bestandteile, der den großen Vorzug hat, daß er bedeutend leichter aufzunehmen ist als anders, an Geist und Charakter schwerere Anforderungen stellende Kulturgrundstoffe: sie werden dazu gedrängt, westeuropäische Sitten ohne Rauschgetränke als unvollkommen und widerspruchsvoll anzusehen. Welche Berechtigung solch' wunderlicher Betrachtungsweise innewohnen mag, wollen wir prüfen, indem wir einen Blick auf die Trinksitten der Gegenwart, besonders natürlich auf jene des uns zunächst am Herzen liegenden deutschen Volkes, aber auch auf die der mit ihm im Wettbewerbe stehenden anderen germanischen, der romanischen und slavischen Völker werfen.

Die Trinksitten der Gegenwart

Es gibt keinen seichteren Einwand gegen die Grundsätze der Enthaltsamen als den so oft ins Feld geführten: gesoffen wurde immer, ja es gab Zeiträume, in denen die Trunksucht viel ärger wütete als jetzt, und trotzdem ist die Menschheit nicht ausgestorben und nicht entartet. Die Deutschen haben schon seit Tacitus »immer noch eins getrunken« und sind trotzdem das mächtigste und höchstkultivierte Volk der Erde geworden; es folgt daraus, daß es mit den Gefahren des Trunkes lange nicht so arg ist wie die fanatischen Wasserapostel der Welt einreden möchten.

Oberflächlich und einseitig! Freilich haben manche Völker arg ausgeartet – aber das geschah zur Zeit ihres Verfalls und sie find dann auch zu Grunde gegangen, andere nüchterne Nationen haben ihr Erbe angetreten. In der ganzen Weltgeschichte jedoch finden wir kein Gegenstück zu dem heutigen Zustande, der uns bei den Hauptträgern der christlichen Kultur gleicher Weise Vergiftung *aller* Volksschichten zeigt, über die Verhältnisse bei den Deutschen im Mittelalter haben wir schon im vorigen Abschnitte gesprochen; sie ließen sich mit den gegenwärtigen keinesfalls vergleichen.

Ausschreitungen? Gewaltleistungen im Suffe, die zur Vernichtung des Organismus und des Geschlechtes führen? Nicht sie find das gefährlichste! Sie merzen aus, langsam wohl und keineswegs immer in rassenbiologisch günstigem Sinne, denn gar nicht selten werden die Tüchtigsten dahingerafft: aber sie führen dennoch rascher oder langsamer zur Ausrottung der Trinkerfamilien. Weit bedenklicher ist die moderne Trinksitte, die Ausschweifungen verpönt und dem Übermaße mit gesellschaftlicher Ächtung entgegentreten will – ein Versuch, der einstweilen freilich noch in den Kinderschuhen steckt – hingegen die sanfte, fast unfühlbare, fortwährende Betäubung anempfiehlt. Als vorbildlich hierfür können wir die Trinksitten der Romanen, besonders der Franzosen betrachten. Sie gelten als nüchtern und in der Tat sind schwere Ausschreitungen, Berauschungen bis zur Bewußtlosigkeit, wüste Straßenszenen, Festschwelgereien u. dgl. bei ihnen zwar nicht etwa durchaus unbekannt, doch aber selten und mißachtet. Der Fremde bekommt den Eindruck, daß dieses Volk wenig trinkt, da er selten Betrunkene zu

Gesicht bekommt; und doch hat eben dieses Volk den größten Alkoholverbrauch der ganzen Welt und eilt der dadurch hervorgerufenen Entartung mit Riesenschritten entgegen. Der Franzose genießt etwa viermal so viel Spiritus wie der Schwede auf den Kopf der Bevölkerung gerechnet, Frauen, Kinder und Kranke mitgezählt, so daß der erwachsene Mann wohl das zehnfache verbrauchen wird! Trotzdem wird man in den Straßen Stockholms mehr Betrunkene finden als in denen Lyons oder Bordeauxs, weil der französische Arbeiter sich zwar selten betrinkt, aber täglich seine 2–3 l Wein vertilgt, der schwedische aber die ganze Woche nichts trinkt, dafür aber Sonnabends in ein bis zwei Stunden ein paar Runden abmacht, die genügen, um seine Laune etwas radaulustig werden zu lassen.

Die Sitten der früheren Zeiten erinnerten in manchen Stücken an die des russischen Muschiks, der auch Wochen lang enthaltsam lebt – weil er sich nichts kaufen *kann*, bei irgend einem kirchlichen oder vaterländischen Feste aber ein paar Tage fortsäuft, bis er in der Gosse liegen bleibt, um nach Wiedergenesung aus der schweren Alkoholvergiftung gleich einem Lasttiere wieder wochenlang dumpf unter dem Joche dahinzukeuchen. Diese regelmäßig wiederkehrenden Ausschweifungen, von denen uns aus dem deutschen Mittelalter so viel berichtet wird, sind ohne Zweifel scheußlich und fordern Opfer genug; es kann aber gar nicht bezweifelt werden, daß sie für den Organismus und die Nachkommenschaft weit weniger verhängnisvoll sind als die oben geschilderten salonmäßigeren Gewohnheiten des Franzosen.

In jüngster Zeit sehen wir freilich, daß allmählich selbst der russische Bauer von der Kultur beleckt wird und sich nicht mehr mit dem zeitweisen Suffe begnügt, sondern auch an Sonn- und Arbeitstagen seinen Schnaps verlangt. Mit väterlicher Fürsorge erzieht der Staat den Untertanen zu fortschrittlicheren Manieren und setzt ihm auf Schritt und Tritt eine Monopolbude vor die Nase, damit er dort das Nützliche mit dem Angenehmen verbinde, Väterchens Kasse fülle und sich dabei ein Vergnügen bereite. In Rußland, wo die Regierung gleichzeitig der gewaltige und konkurrenzlose Alkoholkapitalist ist, wird von der Behörde jene Aufgabe erfüllt, die in unseren Landen dem privaten weinfabrizierenden, bierbrauenden und branntweinbrennenden Interessenten zugefallen ist: die Ausbreitung des Trunkes mit allen Kräften zu fördern, sich mit der Sucht nach den betäubenden Giften zu verbünden und dadurch den Genuß der geistigen Getränke bis zu solchem Grade mit den Lebensgewohnheiten der Deutschen zu verflechten, daß tatsächlich eine nicht ganz unbeträchtliche Willensstärke und Widerstandsfähigkeit dazu gehört, um sich dieser fast gewalttätigen Beeinflussung zu entziehen.

Zum Mittelpunkte des Lebens ist für Millionen Menschen die Schankstätte geworden, in der Kneipe spielt sich für einen Großteil der Deutschen Geselligkeit, Politik, selbst Fortbildung und Kunstgenuß ab. Die stürmische Entwicklung und Umwandlung der sozialen und wirtschaftlichen Verhältnisse während des 19. Jahrhunderts haben ein so großes Bedürfnis nach Stätten zur Befriedigung dieser Erfordernisse geschaffen, daß die Menschen mit dem ersten besten vorlieb nahmen, daß sich ihnen bot – und das war das Wirtshaus, daß sich mit der Geschmeidigkeit des gewinnsüchtigen Kapitals rasch allen Wünschen anzupassen verstand, ja sogar bald Bedürfnisse künstlich wachrief, um das Geschäft zu fördern. Den wie die Pilze emporschießenden Vereinen bot sich – um nur ein Beispiel anzuführen – kaum eine andere Möglichkeit als die, ihre Tätigkeit ins Gasthaus zu verlegen, wo gesungen, geturnt, stenographiert, geredet und, um die Hauptsache nicht zu vergessen, nach Herzenslust gewählt werden konnte; sobald aber die Wirte dahinter kamen, daß die Vereinstätigkeit eine Säule ihres Geschäftes sei, förderten sie die Gründung derartiger Gebilde nach Kräften und halfen im Notfalle mit Freibier u. dgl. Anziehungen nach; Pfeifen- und Skatklubs und was solch geisttötender Unfug mehr ist, danken gewöhnlich dem Interesse des Schänkers ihr Dasein, der auch die sogenannten Unterhaltungen und Feste lebhaft begönnert: bestehen sie doch im wesentlichen in nichts anderem als in einer für ihn höchst erfreulichen bedeutenden Steigerung des sonntäglichen Ausschanks.

Auf demselben Wege hat sich das Alkoholkapital in die Mehrzahl der geselligen und festlichen Unternehmungen Eingang verschafft und es so weit gebracht, daß es für diese ganz unentbehrlich geworden ist. Die großen Volksfeste werden ebenso von den Bierbrauern oder Gastwirten »finanziert« wie Ausstellungen, Vergnügungsreisen und dergleichen. Es gibt wohl keinen greifbareren Beweis für diese beschämende Tatsache, als die Rolle, die das Alkoholkapital auf der Internationalen Hygiene-Ausstellung in Dresden im Jahre 1911 gespielt hat. Dieses unvergleichliche Unternehmen, dessen Großartigkeit mit vollem Rechte auf dem ganzen Erdenrunde bewundert wurde, mußte dem Zeitgeiste in Bezug auf die Trinkgewohnheiten weitgehendste Rechnung tragen; es wimmelte dort von Schankstätten aller Art, ganze Ströme von Wein, Bier und Schnaps wurden vertilgt, bis in die spätesten Nachtstunden wurde der gesundheitswidrigsten Unmäßigkeit gehuldigt, die Erzeuger von gegorenen und gebrannten Getränken wurden für diese ihre Erzeugnisse mit den höchsten Ausstellungspreisen ausgezeichnet; freilich flossen auch ungeheure Pachtsummen für die Restaurationen, Kosthallen usw. in die Taschen der Ausstellungsleitung, die damit die gewaltigen Kosten der Ausstellung decken half.

Das soll kein Vorwurf gegen die Veranstalter der Ausstellung sein: sie taten nur, was als selbstverständlich angesehen wird und wohl auch gar nicht zu vermeiden war. Aber es ist für unsere Kulturverhältnisse bezeichnend und sicher wird es einstmal als Beleg für die schmachvolle Rückständigkeit unserer Sitten betrachtet werden, daß ein dem Wohle und der Gesundheit des Volkes geweihtes Unternehmen Gelegenheit und Verleitung zur Völlerei bot.

Die wahrhaft erschreckende Zunahme des Verbrauchs an geistigen Getränken ist noch keineswegs sehr alt; sie steht in unmittelbarem Zusammenhange mit Geldwirtschaft, Industrialisierung und Steuersystem. Fabrik, Gewerbetreibender und Staatskasse verbünden sich, um aus dem Alkohol so viel Gewinn wie nur möglich zu ziehen; es liegt auf der Hand, daß sie zur Erreichung dieses edlen Zweckes alle Hebel in Bewegung setzen, um die Neigung zum Trinken zu erhöhen und die Gelegenheit dafür zu schaffen: erleichtert wird ihnen dies Beginnen freilich durch die untilgbare Sucht der Deutschen nach dem mit dem Trunke verknüpften Behagen. In dieser Hinsicht marschieren sie ohne Zweifel an der Spitze der Nationen, und bei keiner wird das Trinken mit einem solchen Strahlenglanze umgeben, nirgends genießt es einen solchen Grad der Verehrung wie bei ihnen.

Das bezeichnendste Merkmal für diese Verhimmelung ist die studentische Trinksitte mit dem Komment, der Kneipe und dem Trinklied: sie erfordern einen so hohen Grad von Selbstentäußerung, Verzicht auf Freiheit und Eigenwille, eine so unerhörte Knechtschaft und Sklavenmut, daß man desgleichen bei jungen, gebildeten, gesunden Männern irgend eines anderen Volkes aller Zeiten nicht leicht finden wird. Kommers- und Bierlieder gibt es, bei denen jedem, der sich nicht schon im Zustande weitgehender Betäubung befindet, die Schamröte aufsteigt: und diese Lieder werden von der Blüte der Nation mit »Begeisterung« gesungen. Der Wahn, es sei ein Zeichen der Kraft und der Reckenhaftigkeit, einer nach vielen Litern zählenden Menge des als »ehrlich« anerkannten Stoffes Widerstand leisten zu können, ohne die »Direktion« zu verlieren, spukt auch heute noch in den Köpfen eines Teiles unserer akademisch Gebildeten, leider besonders gerade dort, wo die Anwärter auf die höchsten Ämter erzogen werden. Sich mit einem Geist und Körper untergrabenden Giftgetränke bis zum Überlaufen vollzupumpen, im Zwerg Perkeo und dem Rodensteiner, den vielbesungenen Helden Scheffelscher Trinklieder, nacheifernswerte Vorbilder zu erblicken, stundenlang Unsinn zu plappern und sich dabei noch als Verkörperung des Germanentums zu betrachten, ist bis vor wenigen Jahren der Beruf der deutschen Verbindungsstudenten gewesen; daß es in den letzten Jahren ein wenig besser zu werden beginnt und Freistudententum, Freischaren, Freilandbewegung, Akademische Gemeinschaften einen zwar immer noch mißtrauisch beobachteten, aber unwiderstehlichen Einfluß auf studentische Denkungsart ausüben, sei dankbarst anerkannt. Der Einfluß aber, den das studentische Vorbild auf die Sitten des ganzen Volkes ausgeübt hat, wird selbstverständlich nicht so rasch erschüttert werden können, dazu ist er zu tief in die Vorstellungen und Gebräuche eingedrungen. Vor allem deshalb, weil sich bei den Deutschen eine verhängnisvolle Wechselbeziehung zwischen Trunk und Liebe zum Volke herausgebildet hat, die so weit geht, daß der Kämpfer gegen die Trinkunsitten beinahe als Schädiger des Deutschtums und Verderber völkischer Eigenart gebrandmarkt wird. Das Trinken ist zur völkischen Tugend und das Bier zum völkischen Getränk geworden und je nationaler der Deutsche sich gebärdet, desto gewaltiger ist sein Durst und desto erbitterter sein Grimm gegen jeden, der nicht mitzutrinken oder gar die Herrlichkeit des Kneipwesens anzutasten sich vermißt. Das ungeheure Trinkhorn ist noch immer und mehr denn je ein Sinnbild echt völkischer Denkungsart und die Begeisterung bei den Turn-, Gesangs- und anderen Volksfesten wird danach bemessen, wie viel Maß Bier auf den Kopf der Teilnehmer gerechnet werden können. Und erst die urwüchsigen, auf die arbeitenden und gewerbetreibenden Klassen berechneten sogenannten Volksfeste, Dresdner Vogelwiese, Münchener Oktoberfest und ihre zahllosen Nachahmungen! Man denke den Massenverbrauch geistiger Getränke fort und frage sich, ob das, was übrig bleibt, überhaupt erträglich wäre. Aber gerade diese wüsten Ausschreitungen gelten im In- und Auslande als bezeichnend für deutsches Wesen, der Fremde besucht sie, um dort unsere »Eigenart« zu studieren und tatsächlich wird man nirgends auf der Welt ähnliches finden, es wäre denn vielleicht in einigen Städten der Vereinigten Staaten, wo die Deutschen den Ton angeben.

Schenke und Trunk sind nicht nur bei den Festen aller Art die Hauptsache geworden, sie sind auch der Mittelpunkt aller Zerstreuungen und Vergnügungen der breiten Volksschichten, das Um und Auf der Genüsse für die weitaus überwiegende Mehrheit, die unentbehrliche Ergänzung jeder Abweichung vom geregelten Gange des Lebens. Der Dorfbewohner muß in die Stadt zu Gericht oder der Geschäfte wegen: in drei bis vier Vormittagsstunden könnte das erledigt sein, zu Hause fiele es ihm gar nicht ein, selbst bei schwerer Arbeit an die Notwendigkeit einer »Stärkung« zu denken; aber aus der Stadt ohne Wirtshausbesuch wieder heimzukehren würde er als unerhört betrachten. Eine kleine Reise mit der Eisenbahn, nur vier, fünf Stationen; unmöglich, ohne inzwischen ein oder mehrere Glas Bier getrunken zu haben. Im Zirkus, Theater, Variété – Bier; der sogenannte Ausflug ist nichts als ein der Scheinsitte halber etwas verlängerter Weg ins Wirtshaus. Kauf und Verkauf, Freud und Leid, Haß und Liebe, sie alle müssen ordentlich begossen werden. So hat sich der Trunk in das Innerste des Lebens gedrängt und zum unentbehrlichen Begleiter aufgeworfen, der zuletzt selbst bei der Berufsarbeit nicht mehr entbehrt werden konnte. In die Werkstatt und Fabrik, auf den Bau und die Lokomotive, in die Schreibstube und das Parlament sind tausende von Kanälen geleitet worden, aus denen sich unversiegbare Ströme von Wein, Bier und Branntwein ergießen. Der Arbeiter trinkt auf dem Wege zum mühseligen Tagewerke, der Beamte bekommt zum Frühstück sein Glas Wein auf den Tisch gestellt, die Reichsboten verkürzen sich die anstrengenden Sitzungen durch Leeren mancher Flasche vaterländischen Moselweins. Man trinkt nicht nur zur Zeit der Erholung, die Sorgen und Lasten des Alltages zu vergessen, nein, man beginnt das Tagewerk damit, daß man sich betäubt, wiederholt dies beim Frühschoppen, Mittagsbrot und Vesperimbiß, im Banne des unerschütterlichen Massenglaubens stehend, damit etwas Hergebrachtes, allgemein Anerkanntes und darum auch Nützliches zu tun.

Kein Wunder, daß diese zum Gemeingute gewordenen Einführungen die Beurteilung des Trinkens und seiner Wirkungen aufs tiefste beeinflußt haben. Es ging nicht mehr an, die geistigen Getränke bloß als »Sorgenbrecher« zu preisen und zu verteidigen, wenn man sie vor und bei der Arbeit genoß, da mußten andere günstige Wirkungen als Gründe gesucht, gefunden und im schlimmsten Falle erfunden werden. Daß der Alkohol nährt, stärkt und wärmt, bei schwerer körperlicher Arbeit, in Hitze und Kälte unentbehrlich ist, die Verdauung fördert und eine Reihe anderer Tätigkeiten des Organismus belebt, wurde mit Unterstützung der auf Irrwege geratenen medizinischen Wissenschaft – gar mancher ihrer Vertreter stand selbst unter der Selbsttäuschung des Liebhabers eines »guten Tropfens« – zum Glaubenssatze erhoben und um so lieber angenommen und geglaubt, als es den eigenen Wünschen gar bequem entgegen kam und überdies von den die Vorteile der Sachlage erfassenden Nutznießern in Wort und Schrift bis zum Ueberdrusse wiederholt und dem P. T. Publikum in allen Tonarten vorausgesungen wurde.

Und nun vollzog sich der letzte Akt des Trauerspiels: der Trunk fand den Eingang ins Haus, in die Familie, in die Kinderstube. Warum sollte man so nützliche Dinge, die da nähren, wärmen, stärken usw., nicht auch den lieben Kleinen geben, die ihrer oft so notwendig bedürfen? Warum soll die Hausfrau, die häufig nicht minder schwere Arbeit zu leisten hat wie der brotschaffende Gatte, nicht auch »ihr« Bier oder »ihren« Wein haben, besonders wenn sie in gesegneten Umständen ist oder ein Kind an ihrer Brust stillt? Vielleicht weil die notwendigen Getränke im Hause nicht leicht und wohlfeil genug beschafft werden können? Oh, welch' unberechtigtes Mißtrauen in die Fürsorge des neuzeitlichen Alkoholkapitals. Es liefert das Flaschenbier bis in die Küche und läßt die geleerten Flaschen selbst wieder abholen; es erzeugt Blut-, Kraft-, Eisen-, China-, Condurango- und alle anderen möglichen und unmöglichen Medizinalweine oder Biere oder selbst Schnäpse, die den Kindern rote Backen, Appetit und alles nur wünschenswerte verschaffen; so steht es wenigstens in den spannenlangen Ankündigungen und Reklamezetteln. Freilich erklären die boshaften Kinderärzte, für die Kinder sei jeder Tropfen Alkohol Gift, sie müßten unbedingt bis zur Vollendung der körperlichen Entwicklung enthaltsam erzogen werden und es sei ein Verbrechen, ihnen aus welchem Grunde immer ein geistiges Getränk zu reichen. Das hindert aber nicht, daß der allergrößte Teil der Schulkinder, wie genaue Erhebungen in zahlreichen Städten aller Länder erwiesen haben, regelmäßig einmal oder selbst zweimal im Tage zu trinken bekommt, daß sie bei Taufen und Hochzeiten und Ausflügen bis zur Berauschung mittrinken dürfen und die Apotheker sich an den alkoholhaltigen Medikamenten für Kinder bereichern. Die Trinksitten machen eben nirgends Halt, sie dringen in alle Kreise und Stände und Altersklassen, die Verehrung, die den Rauschgetränken in deutschen Landen erwiesen wird, zwingt alt und jung zum Dienste vor ihren Altären, und ungeheuer sind dementsprechend auch die ihnen jahraus jahrein dargebrachten Opfer.

Schon oben war die Rede davon, daß sich Regierungen und Staatskassen zum Bundesgenossen der menschlichen Sucht nach den Genußgiften gemacht haben und in furchtbarem Verkennen des eigenen Vorteils zum mächtigsten Förderer der Trinksitte geworden sind. Die allermeisten Staaten ziehen aus dem Verbrauche der geistigen Getränke ungeheure Einnahmen, die sie da und dort mit den Gemeinden teilen: sei es nun, daß sie sich mit einer kräftigen Besteuerung begnügen oder auf dem zu immer größerer Beliebtheit gelangenden Wege der Monopolisierung auch den Erzeugungs- oder Verkaufsgewinn einstecken, sie gehören auf jeden Fall zu den gewaltigsten Nutznießern und müssen daher, ob gerne oder ungern, ob eingestanden oder nicht, den Verbrauch zu steigern, die Trinksitte zu festigen suchen. Das geschieht denn auch in Mitteleuropa überall in größtem Maßstäbe. Verbündet mit den Erzeugern der geistigen Getränke lassen die Behörden es zu, daß die Schankstätten ins ungemessene vermehrt werden, der Verführung zum Trunke wird nicht nur kein ernstes Hindernis in den Weg gelegt, sondern man begönnert nach das Kneipwesen durch mildeste Auslegung der bestehenden Verordnungen und tatenlosen Widerstand gegen alle Maßnahmen, die dem »Geschäfte« Abbruch tun könnten.

Ist der Staat durch eine nicht ganz vermeidbare Rücksicht auf seine sozialen Aufgaben gezwungen, seiner ichsüchtigen Habgier ein Mäntelchen umzuhängen, so lassen die Privatinteressenten ihrem Gewinnhunger um so freieren Lauf und suchen ihren Absatz mit allen Mitteln zu vergrößern. Die Erzeuger vor allem, in deren Händen ein ungeheueres Kapital vereinigt ist, die Bierbrauer und Branntweinbrenner, haben die Alkoholisierung des Volkes in ein glänzend wirkendes System gebracht, das mit riesigen Mitteln arbeitet und sich die Herrschaft über so viele einflußreiche Stellen gesichert hat, daß es nur mit schwerer Mühe zu erschüttern sein wird. Brauer und Weinhändler haben sich zu Herren und Gebietern der Wirte gemacht, rechtlich oder tatsächlich verfügen sie über die Schankstätten und erzwingen dadurch die Fortdauer des jetzt bestehenden ungesunden Verhältnisses, durch das jedes *Gast*haus zum *Trink*hause wird. Sie tragen die Schuld daran, daß die Ersatzgetränke für Bier oder Wein nur zu unerschwinglichen Preisen feilgeboten werden, der Wirt an den geistigen Getränken verdienen *muß*, die Hektoliterwut des Brauereibesitzers das Wirtshaus zur Animierkneipe umwandelt. Sie errichten die großartigen Restaurants für Tausende von Menschen, in denen täglich Ströme von Bier und Wein verbraucht, gewaltige Summen auf überflüssige Genüsse verausgabt werden, in denen Samtdivans und glänzende Beleuchtung, elektrische Orchestrions und goldstrotzende Türsteher im Volke den Hang zu falschen Bedürfnissen und verderblichem Wohlleben großziehen. Aber sie scheuen sich auch nicht, ihren Gewinn aus den entsetzlichen Spelunken der Hamburger Niedernstraße zu ziehen, glänzende Dividenden zu verteilen, an denen Schweiß und Blut der Allerärmsten klebt.

Die deutschen Trinksitten der Gegenwart sind zur dräuenden Gefahr für das Volk, für Deutschlands Zukunft geworden; sie wüten in *allen* Schichten und Ständen, weder Stadt noch Land, weder Arbeiterschaft noch Bürgertum, Bauernschaft oder Adel hat sich von ihnen freizuhalten verstanden. Einen furchtbaren Blick in die entsetzlichen Tiefen dieses Schlammstrudels hat das Massensterben jener unglückseligen Asylisten zu werfen gestattet, die durch den giftigen Methylalkohol zu Grunde gegangen sein sollen. Methylalkohol? Oh, nein! Sie starben an der verhängnisvollen *Trinksitte*, an der Sucht zu trinken, die durch den Staat, – er muß ja von den Branntweinsteuererträgnissen Kriegsschiffe bauen! – durch die gewinngierigen Brenner und Brauer, die ihrer sozialen Pflichten uneingedenken Ärzte, Lehrer, Priester und Staatsmänner, durch das verderbliche Vorbild der Gebildeten und Wohlhabenden geweckt und gefestigt wird. An dem Tode jener Unglücklichen, an dem unnennbaren Elend, das der Fusel in den Niederungen des Volkes anstiftet, an all den verkommenen, zerstörten, aus ihrer Bahn geschleuderten Lebensläufen, an den dreieinhalb Milliarden, die das Deutsche Volk alljährlich für einen überflüssigen, schädlichen und verderblichen Genuß vergeudet, tragen die Wissenden und Denkenden die Schuld, die durch ihr Vorbild verantwortlich werden für das Tun und Lassen ihres Volkes. Schmäht ihr den Trunkenbold in der Gosse, verachtet ihr den Säufer, der Weib und Kind hungern läßt? Die *Trinksitte* ist es, die sie zu Lumpen gemacht hat und durch *euer* Pilsner, *eueren* Bordeaux, *eueren* Kognak und Chartreuse wird sie gestützt und erhalten.

Was zieht den Menschen zu den Genußgiften?

Die Rauschgetränke sind unter den auf dem Erdenrunde bekannten Genußmitteln zwar die verbreitetsten und geschätztesten; aber neben ihnen gibt es noch eine ganz bedeutende Zahl anderer dem Pflanzenreiche abgewonnener Stoffe, die sich die Gunst der Menschen erworben haben und mit den geistigen Getränken in Wettbewerb treten. Tabak, Kaffee und Tee, Kakao, Kolanuß und Mate, Opium, Hanf, Fliegenschwamm und Koka, um nur die wichtigeren zu nennen, sind teils über den ganzen Erdkreis verbreitet und beliebt, teils bei einzelnen Rassen oder Stämmen allein oder neben anderen Genußmitteln eingeführt. Während manche nur dort verwendet werden, wo sie die Natur bietet, und sich größere Absatzgebiete nicht zu erobern vermochten, haben andere ihren Siegeslauf über die ganze Erde angetreten, wenn sich auch keines mit dem sie alle überragenden Herrscher Alkohol vergleichen darf.

Bis weit in das Mittelalter hinein war der Wein und in einzelnen Gebieten das Bier das einzige bekannte Genußmittel; es gibt Völker, die auch jetzt noch sich mit einem einzigen derartigen Stoffe begnügen. Im Gegensatze hiezu finden wir bei den Kulturvölkern eine ganze Reihe von neben einander angewendeten Genußgiften; Alkohol, Tabak und Kaffee oder Tee gehören zu den täglichen Bedürfnissen vieler Millionen Menschen, der Mohammedaner verschmäht neben dem Opium oder Haschisch den Kaffee und den Tabak nicht, der Japaner raucht Tabak und trinkt Tee usw. Und neben den bereits eingeführten und anerkannten Mitteln suchen immer noch neue Eingang zu finden; Aether, Morphium, Koka haben ihre Liebhaber gefunden, Guarana und Mate werden da und dort auch in Europa genossen. Wir sehen, daß das Bedürfnis nach diesen Genußstoffen außerordentlich zunimmt und wie es scheint noch lange nicht seinen Höhepunkt erreicht hat.

Bedürfnis? Ist diese Bezeichnung zulässig und berechtigt? Dürfen wir von einem Bedürfnisse nach Nervengiften sprechen?

Ganz gewiß nicht im physiologischen Sinne des Wortes; es gibt kein Bedürfnis nach Genußmitteln wie etwa nach Sauerstoff, Wasser, Nahrung oder Schlaf. Gesundheit, Leistungsfähigkeit und Widerstandskraft des Organismus sind ohne sie durchaus vollwertig, es gibt nicht einen einzigen Beweis für das Gegenteil. Zur Erfüllung seiner Aufgaben oder zur Erhaltung seines Bestandes bedarf der Mensch daher zweifellos der Genußgifte *nicht*.

Wir kennen aber eine Reihe anderer Bedürfnisse, die durch Vererbung und Erziehung scheinbar unentbehrlich geworden sind. Fortschritt und Veredelung beruhen ja zum großen Teile auf solchen Bedürfnissen sinnlicher und geistiger Art; wir wären bettelarm, wenn wir uns mit der Befriedigung der zum nackten Leben unentbehrlichen physiologischen Bedürfnisse begnügen müßten. Zu dieser Gattung gehören auch die Genußmittel. Alle Völker, die sich ihrer bedienen, rechnen sie zu ihren wertvollen Gütern, verteidigen ihren Besitz mit allen Kräften, verzichten trotz Strafen und Ermahnungen nicht oder doch nur sehr schwer auf sie, verbreiten ihre Bekanntschaft gleich anderen Kulturschätzen und bemitleiden jene Völker, die aus irgend einem Grunde nichts von diesen Herrlichkeiten wissen wollen.

Welche Eigenschaften der Genußgifte sind es, die den Menschen ihren Besitz so überaus Wertvoll und unentbehrlich erscheinen lassen?

Es ist eine einzige: die Fähigkeit, in den Zustand der Euphorie, des künstlichen Wohlbefindens, zu versetzen.

Im Leben wechseln Lust- und Unlustgefühle in bunter Reihe ab. Schon im glücklichen Kindesalter fehlt es an letzteren nicht, so sehr auch die ersteren überwiegen; beim Erwachsenen stehen je nach Gemütsart, Charakter und äußeren Umständen die einen oder die anderen im Vordergrunde. Den Unlustgefühlen zu entgehen, sein Leben so weit wie nur irgend möglich von Lust erfüllt zu haben, ist das Streben jedes lebenden Wesens, darauf beruht ja die Befriedigung der physiologischen Bedürfnisse, es ist das die Einrichtung, die von der Natur getroffen wurde, um die Lebewesen zu all jenen Tätigkeiten zu veranlassen, die zum Vorteile des Einzelnen und der Art erforderlich sind. Der Kampf gegen die Unlustgefühle ist daher natürlich und notwendig.

Die Unlustgefühle aufzuheben und den Organismus in einen lustbetonten Zustand zu versetzen, ist die gemeinsame Eigenschaft sämtlicher Genußgifte: sie und nur sie allein ruft den leidenschaftlichen Hang der Menschen nach ihnen hervor. Es braucht wohl nicht erst betont zu werden, daß diese wunderbare Wirkung eine rein seelische, durch Betäubung der Gehirnzellen hervorgerufene ist; die Ursachen der Unlust zu beseitigen vermag der Genuß der verschiedenen Mittel auch nicht in einem einzigen Falle, ganz einerlei ob es sich um körperliche oder geistige handelt; daher rührt es ja auch, daß die Wirkung bei ganz entgegengesetzten unangenehmen Empfindungen mit derselben überraschenden Sicherheit eintritt. Gegen die Kälte ist der Genuß eines geistigen Getränkes ein eben so unfehlbares Mittel wie gegen die Hitze; man trinkt mit eben so sicherem Erfolge, wenn der leere Magen knurrt wie wenn der volle drückt; will man abends arbeiten anstatt zu schlafen, so wird ein erfrischendes Getränk gute Dienste leisten, nicht minder aber auch, wenn man sich die berüchtigte »Bettschwere« verschaffen will; der Alkohol hält also wach oder schläfert ein, ganz wie man es eben braucht. Dieselben Wunder leistet er auch auf seelischem Gebiete; in Freud und Leid, in Lust und Schmerz ist er gleich verläßlich, man kann ihn weder bei Hochzeiten, noch bei Leichenbegängnissen entbehren, der Student trinkt vor der Prüfung, um sich Mut zu machen, nach ihr, um seiner Freude Ausdruck zu verleihen, wenn er sie bestanden, um seinen Kummer zu betäuben, wenn er durchgefallen ist.

Die Gleichartigkeit aller dieser alltäglichen Erfahrungen liegt auf der Hand; überall finden wir Unlustgefühle, die durch je nach Gewohnheit größer oder kleiner bemessenen Zufuhr irgend eines geistigen Getränkes unterdrückt werden; an ihre Stelle tritt ein lustbetonter Zustand, den wir mit dem Ausdrucke *Euphorie* bezeichnen.

Genau ebenso verhält es sich, wie hier eingeschaltet sei, bei allen anderen Genußgiften auch; freilich ist ihre Wirkung, worauf nicht näher eingegangen werden kann, nicht gleichartig. Tabak und Kaffee enthalten ja z.B. keine betäubenden Gifte, die Art ihrer Beeinflussung des Nervensystems muß daher verschieden sein von der des Alkohols, die Unterdrückung der Unlustgefühle ist aber auch bei ihnen der Zweck des Genusses.

Es unterliegt nun selbstverständlich den weitesten individuellen Verschiedenheiten, bei welcher Menge eines Rauschgetränkes die unlustbannende Wirkung sich einstellt; bei dem einen genügt dazu ein Fingerhut voll Wein, der andere bedarf eines halben Liters

Branntwein. Schon aus diesem Grunde haftete der Festsetzung eines allgemein giltigen »Maßes« das Brandmal der Lächerlichkeit an; da der Zweck des Trinkens stets, wenn auch oft unbewußt und uneingestanden, die Herbeiführung des Lustgefühles ist, so ist es durchaus sinnlos, einem Menschen vorschreiben zu wollen, er dürfe nur 30 Kubikzentimeter absoluten Alkohols täglich, u.z. abgeteilt in drei Gaben, früh, mittags und abends, zu sich nehmen, wie dies eine berühmt gewordene Umfrage bei vielen deutschen Medizinprofessoren vor einigen Jahren versucht hat; wer mehr braucht, um seine Unlustgefühle zu betäuben, dem wird die Einhaltung eines unter dieser Grenze liegenden Maßes weit schwerer als völlige Enthaltsamkeit.

Durch die Gewöhnung an ein Genußgift kommt es aber bald dahin, daß die Unlust stets vorhanden ist, wenn der Organismus das regelmäßig zugeführte Mittel entbehren muß; in solchen Fällen kann man bereits von »Sucht« sprechen. Bei geringeren Graden tritt das lebhafte Unlustgefühl nur zu gewissen Stunden ein, etwa des Abends, wenn die Stunde des Wirtshausbesuches heranrückt – manche Männer werden vollständig unerträglich, wenn sie durch irgend etwas gezwungen sind, auf den gewohnten Abendtrunk zu verzichten –; bei höheren Graden steht der Mensch fortwährend unter dem Einflusse seiner kranken – denn man kann hier von Krankheit sprechen – Nervenzellen und befindet sich so lange in peinlichen Gefühlen, übler Laune, ist gereizt und haltlos, bis das Verlangen gestillt ist. Dies führt natürlich zur Trunksucht und zum körperlichen und seelischen Verderben. Aber auch dann, wenn sich der Genuß des Rauschgetränkes in mäßigen Grenzen hält, hat er die folgenschwere Wirkung, die unlustbetonten Gefühle in den Vordergrund zu schieben, sobald der Organismus sich im Zustande voller Giftfreiheit befindet, so daß ein verhängnisvoller Fehlerkreis eintritt: mehr Unlust, daher mehr Bedürfnis nach erlustigend wirkenden Mitteln, durch Befriedigung des Bedürfnisses wiederum mehr Unlust usf.

Es handelt sich nun aber – auch wenn wir von diesen unbedingt schädlichen, aber glücklicher Weise doch nicht in allen Fällen eintretenden Folgen regelmäßigen Genusses ganz absehen – um Beantwortung der Frage, ob die Unterdrückung der Unlustgefühle und die Herbeiführung einer künstlichen Erheiterung vorteilhaft oder auch nur statthaft ist und ob nicht gerade in dieser so heiß ersehnten Wirkung der Genußgifte der allerstärkste Beweisgrund gegen ihre Verwendung liegt.

Wie bereits früher erwähnt, benützt die Natur die Unlustgefühle, um vom Lebewesen die Erfüllung der zu seinem Bestande und Fortkommen notwendigen Bedingungen zu erzwingen. Wenn in schlechter oder unatembarer Luft – um nur ein Beispiel anzuführen – Husten, Kratzen im Halse, Kopfschmerz, Atemnot eintritt, so wird dadurch das Aufsuchen frischer Luft oder das Oeffnen der Fenster u.dgl. erzwungen; das ist im Interesse der Gesundheit, vielleicht des Lebens, notwendig. Es könnte daher ein Mittel, das jene peinlichen Gefühle unterdrückt, ohne die Ursache zu beheben, für den Organismus die schlimmsten Folgen haben, weil die aufrüttelnden Meldezeichen ausblieben, die eine Änderung der unheilvollen Verhältnisse herbeiführen sollen. Genau so liegen die Dinge auch bei dem durch die Genußgifte hervorgerufenen künstlichen Wohlbefinden: anstatt die Ursachen der Unlustgefühle zu bekämpfen, ursächliche Heilkunst zu treiben, wie die Ärzte sagen, wenn sie die Ursache einer Krankheit zu entfernen suchen anstatt sich mit der Behebung der unangenehmen Krankheitszeichen zu begnügen, wodurch dem Behandelten ein zweifelhafter Dienst erwiesen würde, ziehen die Menschen vor, sich durch Betäubung der Gehirnzellen in einen Zustand Zu versetzen, der sie die körperlichen und seelischen Qualen nicht mehr empfinden läßt, in die sie durch Mißstände inner- und außerhalb des Ichs versetzt wurden. Freilich ist dieses Mitte! einfacher und bequemer als der Kampf gegen die vielen Feinde in der Natur und Gesellschaft, die das Leben erschweren, besonders aber gegen den inneren Feind, gegen Selbstsucht, Charakterschwäche, Leidenschaft, die die ärgsten und unerträglichsten Unlustgefühle schaffen: freilich ist es ungenehmer, sich zum schäumenden Glase zu setzen, sich dort zum Helden emporzutrinken und alle Leiden und Schmerzen zu vergessen, von denen die Menschheit gepeinigt wird, als sich in die Reihen derer zu stellen, die daran arbeiten, sich und das Los der Mitbrüder zu bessern, schönere menschenwürdigere Zustände zu schaffen, in denen nicht nur eine bevorzugte Minderheit an den Segnungen der Kultur teilnimmt, sondern das ganze Volk, ja alle Völker des Erdkreises. Es ist wahr, es gibt so viel Leid auf der Welt, daß es schwer fällt, angesichts dieses

Jammers fröhlich zu bleiben, daß die Flucht in das Glücksgefühl der Alkoholbetäubung verständlich wird. Aber ist diese Flucht nicht das größte Hemmnis des Besserwerdens, des Aufstiegs zu schöneren und glücklicheren Zeiten? Nur durch rastlose Arbeit Aller können diese erlangt werden: darum ist jeder fahnenflüchtig, der Zufriedenheit und Glück, die ihm aus der Arbeit, der Hingabe an die höchsten Zwecke des Menschentums erblühen sollten, in der Anheiterung, im gemeinen Rausche findet.

Umnebelung suchen die Menschen, der Hang nach ihr zieht sie zu den giftigen Genußmitteln, weiter nichts. Sie fürchten sich vor der kalten Wahrheit, vor der unerbittlichen Klarheit des grellen Sonnenlichtes, fühlen sich erst wohl in der rosenroten Dämmerung der Tabakwolken, des Weindusels, der Haschischdämpfe. Dort schwinden alle Sorgen, da gibt es weder Schmerzen, noch Kälte und Hitze, Müdigkeit und Hunger, Alter und Schwäche. Alles ist schön und gut, und, was die Hauptsache dabei, man ist seiner selbst froh, braucht sich seiner Schwäche nicht zu schämen, ist die Gewissensbisse los, die wohl sonst hie und da die Seelenruhe stören. Weg mit den Lasten und Beschwerden des Daseins, aber weg mit ihnen ohne Arbeit, ohne Mühe! Das ist der geheime Trieb, der mit so unwiderstehlicher Gewalt zu den Rauschgetränken hinzieht; er ist ein Zeichen menschlicher Schwäche, die zu überwinden harte Arbeit kosten wird, die aber überwunden werden *muß*, weil sie als riesengroßes Hindernis auf dem Wege zur Kultur steht, den nur starke, klarsehende, nicht durch Betäubung um ihre besten Tugenden gebrachte Völker wandeln können.

Die Wirkungen der Rauschgetränke auf das Einzelwesen

Die Zeit liegt noch nicht gar so lange hinter uns, in der man den verschiedenen geistigen Getränken von einander sehr abweichende Wirkungen auf den Körper zuschrieb; der wirksame Stoff des Branntweins wurde für einen ganz anderen angesehen als der der gegorenen Getränke. Bis in die neueste Zeit hinein wurden Versuche gemacht, im Schnapse ein nicht nur der Menge, sondern auch der Art nach von den »bekömmlichen« Genußmitteln Wem und Bier sich unterscheidendes Gift an den Pranger zu stellen.

Die Chemie hat diese Frage längst entschieden; der wirksame Stoff ist in *allen* geistigen Getränken ohne Ausnahme ein und derselbe: C_2H_6O ist seine chemische Formel, es gehört in die Reihe der einsäurigen Alkohole, die mit dem Methylalkohol beginnt und bis zum Caprylalkohol aufsteigt. Freilich enthalten die geistigen Getränke neben dem Hauptbestandteile noch andere Stoffe, die ihnen ihren verschiedenen Charakter verleihen und unter denen sich manche dem Organismus nicht minder abträgliche befinden als es der Methylalkohol ist; ich erinnere nur an die krampfauslösenden Gifte des Absynths, mit dem sich die Franzosen um den Rest von Kraft und Verstand trinken werden, den ihnen der Alkohol noch lassen wird; an die erst vor kurzem von einem amerikanischen Forscher in verschiedenen Weingattungen nachgewiesenen heftigen Zellgifte; an die höheren, in destillierten Getränken enthaltenen Alkohole, die zumeist unter dem Namen der Fuselöle zusammengefaßt und nicht selten mit Unrecht allein für die verderblichen Wirkungen des Schnapses verantwortlich gemacht werden. Aber das alles tritt hinter der Wirkung des sie alle an Bedeutung weit überragenden Alkohols in den Hintergrund. *Er* ist es, um dessen willen die Menschen trinken und sich betrinken, er ist es auch, dessen zerstörende Kraft die natürlichen Vorgänge im Körper untergräbt und die verderblichen Folgen des Genusses *aller* Rauschgetränke verursacht.

Von einer Wirkung, der betäubenden, jener, die die Sucht nach den berauschenden Getränken erzeugt, ist im vorigen Kapitel die Rede gewesen: jetzt soll von den mannigfachen anderen Folgen die

Rede sein, die selbst nach der Anschauung jener, die geneigt sind, die anheiternde Wirkung auf die Habenseite des Alkohols zu buchen, weil sie etwas Gutes und Schönes darin sehen, die Sollseite schwer belasten.

Denn so weit hat die rastlos arbeitende Wissenschaft bereits Klarheit geschaffen: die betäubende Wirkung des Alkohols kann preisen und empfehlen, wer dazu Lust hat und es verantworten zu können vermeint, er mag sie nützlich und vorteilhaft nennen; aber irgend welche andere ersprießliche Wirkungen des Alkohols gibt es *nicht*, sie alle, von denen so viel gefabelt wurde, die heute noch im Volksmunde, in der Überlieferung eine so gewaltige Rolle spielen, sind als Täuschung entlarvt worden.

Der Alkohol nährt nicht, er wärmt nicht, er stärkt nicht; auch ist er kein Blutbildner, die Kinder und Bleichsüchtigen bekommen keine roten Backen durch ihn, der Rotwein, dieses vielgelobte Allheilmittel bei schwächlichen Menschen, hat mit dem Blute weiter nichts, aber auch gar nichts gemein als die Farbe. Der Arbeiter kann sich weder die zu schwerer körperlicher Arbeit erforderliche Kraft aus Schnaps oder Bier holen, noch bei strenger Kälte durch den Trunk Wärme gewinnen, noch auch bei großer Hitze sich Abkühlung verschaffen, wenn er ungemessene Mengen geistiger Getränke in sich hinein pumpt. Man kann weder Blutdruck noch Herzkraft durch Sekt und Kognak heben, die Verdauung wird durch sie nicht gefördert, in der Heilkunde haben alle diese beliebten Heilmittel ausgespielt, sie machen keinen Menschen gesund. Wir können um uns blicken so weit wir wollen, es gibt nicht eine einzige Tugend des Alkohols, die ernster Prüfung Stand gehalten hätte, nicht eine unter den zahlreichen ihm zugeschriebenen nützlichen Eigenschaften, die sich nicht als Hirngespinst, als Selbsttäuschung erwiesen hätte.

Nichts kann leichter verständlich sein als diese hübschen Märchen, die von zahllosen in der Anbetung der Rauschgetränke großgezogenen Geschlechter als gut behütete Ranken um Glas und Faß gezüchtet wurden. Mangel an Urteilskraft ist eine der wichtigsten Folgen der Betäubung, wie uns die Überlegungen schon gelehrt haben; die Kritik muß in doppeltem Maße dem betäubenden Stoffe selbst gegenüber versagen, dessen Wirkungen an sich selbst niemals anders als unter seinem eigenen Einflüsse beobachtet werden können; die Erinnerungen an die lustbetonten Gefühle, die man ihm bereits zu danken gehabt hat, fälschen dann auch in der betäubungsfreien Zwischenzeit das Urteil zu seinen Gunsten, wie wir das an den vorbildlichen Beispielen der Opiumesser oder Morphinisten so deutlich beobachten können. Jeder, der an der Sucht nach einem Betäubungsmittel leidet, – und das trifft bei allen Menschen zu, die dessen Entziehung unangenehm oder gar peinlich empfinden – schmückt es mit allen möglichen schönen Eigenschaften; er nimmt es gegen Angriffe in Schutz und sucht, was die Hauptsache ist, nach Gründen für den ihm unentbehrlich scheinenden Genutzt die außerhalb der tatsächlich angestrebten betäubenden. Wirkung liegen: darum muß Branntwein oder Bier wärmen und stärken, den Schweiß befördern usf. Wenn der Biertrinker nach je 2–3 Krügeln einen Bitteren oder Kümmel zu sich nimmt, so tut er das natürlich nicht etwa deshalb, weil ihn das Bier zu langsam in die erwünschte Stimmung versetzt, sondern zur Förderung der »Bekömmlichkeit«; es wird besser vertragen, der Schnaps muß, »niederschlagen« u. dgl. mehr.

So enge der Kreis der vermeintlichen günstigen Wirkungen der geistigen Getränke geworden ist – bis aus rasch vorübergehende seelisch hervorgerufene nützliche Reize bei einzelnen seltenen Krankheitserscheinungen ist nichts, davon übrig geblieben – so sehr hat sich im Gegenteil das. Verzeichnis der Schädigungen erweitert. Je eingehender das Schicksal des Alkohols im Organismus studiert und je genauer die Wirkungen kleiner Mengen untersucht wurden, um so umfangreicher wird die Liste der Nachteile, den der regelmäßige Genuß selbst geringer Dosen nach sich ziehen *kann*.

Kann, gewiß, nicht muß! Kein ernster Beobachter, und sei er noch so fanatischer Abstinent, wird sich zu der unbeweisbaren Behauptung versteigen, jeder Tropfen Wein oder Bier sei gefährlich und schädlich und führe zu bedenklichen Folgen. Es bedarf gar nicht des höhnischen Hinweises auf die zahllosen Beispiele, die Stadt und Land bevölkern, auf die geschichtlichen Beispiele hervorragender Meistertrinker von blühendster Gesundheit, anerkannter Leistungsfähigkeit und achtungeinflößendem Alter, um die Unanfechtbarkeit des Satzes zu sichern, daß selbst weitgehendste Unmäßigkeit unter gewissen, nicht zu überwachenden Umständen scheinbar ungestraft ertragen werden könne; woraus dann selbstverständlich ohne weiteres folgt, daß um so mehr mäßiger Genuß noch weit häufiger keinerlei bösartige Folgen zu Tage fördern werde. Wer zweifelt daran?

Aber vermag diese Binsenwahrheit auch nur das geringste an der unbezweifelbaren Tatsache zu ändern, daß die geistigen Getränke ein *Gift* enthalten, das unter allen Umständen im Körper als Gift und nur als solches wirken muß? Man kann auch bei mäßigem Opium- oder Muskarin- oder Morphiumgenusse steinalt werden und sich scheinbar blühender Gesundheit erfreuen: es gibt Leute, denen weder Blei noch Arsen etwas anhaben und die in den mörderischesten Betrieben frisch und munter bleiben. Ändert das etwa das geringste an dem Giftcharakter aller diese Stoffe? Keinem Menschen wird es einfallen, so etwas zu behaupten, mit Ausnahme natürlich der Opiumesser und Morphinisten, wie die Erhebungen in Indien, die Bekenntnisse einzelner derartiger Kranker beweisen.

Alle Narkotika ohne Ausnahme gehen mit bestimmten Bestandteilen der lebenden Zelle, sei es des Tier- oder des Pflanzenleibes, eine Verbindung ein, d. h. sie werden von den fettähnlichen Stoffen der Zellhülle gelöst, dringen auf diese Art in die Zelle ein, was kein anderer Stoff zu tun vermag, und hemmen während ihres Aufenthaltes dort die Tätigkeit der Zelle; darin liegt eben ihre betäubende Wirkung begründet. Und da die Betäubbarkeit eine allgemeine Eigenschaft der lebenden Gewebe ist – nicht etwa bloß Gehirn oder Nerv, nein, auch Muskel oder Drüse kann betäubt werden – so heißt das mit anderen Worten nichts anderes, als daß die Tätigkeit, die Arbeit jedes Körperorgans durch den Genuß irgend eines alkoholhaltigen Getränks herabgesetzt, vermindert wird. Tätigkeit und Arbeit sind aber mit dem Leben untrennbar verbunden, letzteres erlischt, wenn jene aufhören. Der betäubende Alkohol ist daher lebensfeindlich im klarsten Sinne des Wortes, ein Gift, wenn es überhaupt ein solches gibt.

Auf solcher Hemmung der Tätigkeit beruhen alle Wirkungen des Alkohols, auch wenn sie auf den ersten Blick nicht als solche erscheinen, sondern den Eindruck erwecken, als ob es sich um Förderungen, Reizungen handeln würde; in diesen Fällen sind eben andere Einrichtungen gelähmt worden, deren Aufgabe die Regelung der Tätigkeit des beobachteten Organs sind; wird ihre Tätigkeit gehemmt, so ruft das die Täuschung hervor, es werde ein Reiz auf letzteres ausgeübt. Am deutlichsten tritt diese Wechselwirkung in die Erscheinung, wenn durch den Alkohol die seelischen Hemmungen, die allerfeinsten Regelungen des Großhirns ausgeschaltet werden, was bei der außerordentlichen Empfindlichkeit dieser höchstentwickelten Ganglienzellen die allererste Wirkung verhältnismäßig geringer Mengen zu sein pflegt. Die Lähmung dieser überwachenden Zellen macht die ihnen untergeordneten Gehirnteile frei, diese arbeiten jetzt ungehemmt, rascher, kräftiger; der Angeheiterte spricht mehr, ungebundener, er reimt und singt, lacht und scherzt. Diese Wirkung wurde und wird als Reizwirkung angesehen und gewertet, ist aber dennoch nichts anderes als Lähmung, Hemmung. Erfaßt die Wirkung bei fortschreitender Alkoholisierung auch die minder empfindlichen Teile, dann freilich macht sich die Tätigkeitsverminderung und endlich Aufhebung in der Arbeitsleistung unmittelbar bemerkbar.

Von ganz besonderer Bedeutung für Leben und Gesundheit ist die Hemmung der im Blute wirkenden Schutzstoffe gegen Ansteckungen. Bekanntlich ist unsere Kenntnis der Einrichtungen des tierischen Organismus zum Kampfe gegen die einwandernden schädlichen Keime noch sehr jung und unausgebaut, begreiflich daher, daß wir auch über die Beeinflussung dieser offenbar sehr verwickelten und verborgenen Verhältnisse durch den Alkohol noch wenig Bestimmtes aussagen können, so viel steht aber doch schon fest, daß die Kraft der schützenden Zellen und Säfte herabgesetzt wird, was uns gewiß nicht wundern wird, da es ja nur ein Einzelfall des allgemein giltigen Gesetzes ist. Der Alkohol betäubt die Zellen, die die eindringenden Krankheitskeime aufzufressen oder sonst wie unschädlich zu machen haben, die unausbleibliche Folge ist selbstverständlich, daß durch den Alkoholgenuß die Widerstandsfähigkeit gegen die ansteckenden Krankheiten herabgesetzt wird. Daß der übermäßige Verbrauch geistiger Getränke diese üble Wirkung hat und Trinker unter sonst gleichen Umständen leichter von Typhus, Cholera, Tuberkulose befallen werden und ihnen öfter erliegen, ist eine uralte Erfahrung, die von keiner Seite in Abrede gestellt wird; sie hat aber nicht zu verhindern vermocht, daß von ärztlicher Seite den an eben denselben Krankheiten Leidenden als Heilmittel eben dieselben Rauschgetränke gereicht wurden, durch deren »Mißbrauch« die Aussichten auf glückliches Ueberstehen so sehr verschlechtert werden. Jetzt freilich beginnt man einzusehen, daß die Wirkung des Uebermaßes sich keineswegs der Art, sondern dem Grade nach von der des mäßigen Gebrauches unterscheidet, daß selbst kleine Mengen die Widerstandsfähigkeit schwächen und die allerbesten Aussichten im Kampfe mit den zahllosen gefährlichen kleinen Feinden, die den ganzen Erdkreis bewohnen, der Enthaltsame hat.

Die Lähmung der Zellen und der aus ihnen aufgebauten Organe, für die sich noch eine Reihe anderer schlagender Beweise und Beispiele anführen ließen, ist vorübergehend und macht dem richtigen Zustande Platz, sobald der Alkohol durch die Fermente des Körpers zur Verbrennung gebracht worden ist: ob dabei eine größere oder kleinere Zahl von Zellen zu Grunde geht und durch andere ersetzt wird, entzieht sich der Beobachtung. Sicher aber ist, daß die Beeinträchtigung der Lebenstätigkeit auf den Gesundheitszustand der Zelle, auf ihre Leistungs- und Widerstandsfähigkeit eine bleibende Wirkung ausübt, wenn sie wiederholt oder gar regelmäßig auftritt, und daß die Höhe dieser Schädigung von der Mächtigkeit der Einzelvergiftung und ihrer Häufigkeit einerseits, von der Tüchtigkeit des bedrohten Organismus und seiner Einzelteile andererseits abhängt. Häufige und starke Berauschung macht bald krank, Kinder, Frauen und zarte Männer halten weniger aus; wer ein schwächliches Herz, Anlage zur Gicht oder Tuberkulose hat, wird den widerstandslosen Teil seines Körpers bald zu Grunde richten, wenn sich die Störung der Betätigung durch das Betäubungsmittel wiederholt.

Auf diese Weise kommt es zu den zahlreichen Krankheiten, als deren Ursache der Alkoholismus allgemein anerkannt ist. Es gibt kein Organ des menschlichen Organismus, das nicht durch ihn beschädigt werden kann, wenn auch natürlich manche häufiger erkranken. Nervensystem, Verdauungsschlauch, Blutkreislauf leiden am häufigsten, unter den Ursachen der Stoffwechselkrankheiten ohne Ausnahme kann der Genuß der geistigen Getränke als eine der wichtigsten und verbreitetsten verzeichnet werden.

Über diese Dinge besteht keine Meinungsverschiedenheit; aber es gibt zahlreiche weise Leute, unter denen selbst medizinisch gebildete Fachleute zu finden sind, die da sagen: natürlich kann das »Übermaß« krank machen, darum muß man sich sorglich davor hüten; aber es fehlen durchaus die Beweise dafür, daß regelmäßiger Genuß kleiner Mengen schadet, denn es gibt so viele Trinker, die sich ganz wohl befinden und ein hübsch hohes Alter erreichen. Der und jener vertilgt alle Tage seine gewohnten Schoppen, ohne irgend welche böse Wirkungen davon zu verspüren.

Dieser Beweisführung fehlt es leider sehr bedenklich an Folgerichtigkeit: denn man kann bekanntlich aus der Tatsache, daß eine bestimmte Ursache in dem und jenem Falle eine fragliche Wirkung nicht gehabt hat, niemals den Schluß ziehen, daß sie sie nicht in vielen anderen Fällen doch habe. Freilich schaden zwei Glas Bier täglich vielen Menschen nicht merklich: ebenso sicher aber ist es, daß sie anderen Leuten, z. B. solchen mit angeborenen Schwächen, mit Herzfehlern, Anlage zur Gicht u. dgl. unbedingt ganz gewaltigen Nachteil bringen. Und da es bekanntlich in der Natur keine Fächer, keine Grenzen, aber auch keine Sprünge gibt, so geht schon daraus hervor, daß eine allgemein harmlose Alkoholmenge nicht ausfindig gemacht werden kann.

Wir verfügen aber heute schon über ein nicht geringes Tatsachenmaterial, das zuverlässige Beweise für die Überlegenheit der körperlichen Beschaffenheit bei vollständiger Enthaltsamkeit liefert. Eine ganz glänzende Probe aufs Exempel geben die Erfahrungen und Berechnungen einiger englischer und überseeischer Lebensversicherungsgesellschaften, die Vergleiche zwischen enthaltsamen und nicht enthaltsamen Mitgliedern vorgenommen haben. Wenn es ziffermäßige Aufstellungen gibt, die Anspruch auf Verläßlichkeit erheben können, so sind es unbedingt die der Versicherungsanstalten, denn da handelt es sich um sehr bedeutende wirtschaftliche Interessen; auch fußen die Tafeln und Berechnungen auf mathematischen Grundlagen. Wenn daher die auf eine lange Zeit, teilweise auf fünfzig Jahre zurückblickenden Erfahrungen dieser Gesellschaften die übereinstimmende, von einem Jahrfünft zum anderen sich neu bestätigende Tatsache lehren, daß die Abstinenten unter sonst durchaus gleichen Verhältnissen eine um rund fünfundzwanzig Prozent bessere Lebenserwartung zeigen als die Nichtabstinenten, so darf dieser wahrhaft schlagende Beweis für die lebensverlängernde Wirkung der Abstinenz wohl den Anspruch erheben, ernst genommen zu werden. Tatsächlich sind irgend welche begründete Einwendungen gegen die Beweiskraft der Ziffern von keiner Seite vorgebracht worden, weder von den darüber wenig erfreuten Brauern und Brennern noch auch von den deutschen Lebensversicherungsgesellschaften, die von der gewaltigen Überlegenheit an Lebenskraft der Enthaltsamen noch immer keine Kenntnis nehmen wollen. Nun, dies wird wohl bald anders werden, wenn ihnen durch die unlängst ins Dasein getretene Versicherungsgesellschaft, die sich die deutschen Abstinenten selbst errichteten, vor Augen geführt werden wird, daß auch am europäischen Festlande die Enthaltsamen im Durchschnitte länger leben als die am »stärkenden« Genusse der Rauschgetränke Festhaltenden.

Beweisen die Versicherungsanstalten, daß die Enthaltsamen länger leben, so lehren die englischen Krankenkassen, daß sie auch weniger oft und weniger lang krank sind. Unter den englischen Arbeitern gibt es Hunderttausende von Teetotalers, wie man die Wassertrinker drüben nennt: dort kann man darum Vergleiche anstellen. Welcher Zweifel ist übrigens noch möglich, wenn man bedenkt, daß in den Städten der Schweiz, wo darüber Aufzeichnungen vorgeschrieben sind, aktenmäßig etwa jeder zehnte Todesfall bei erwachsenen Männern auf Alkoholismus zurückzuführen ist? Und zwar ebenso wohl in den gutgestellten wie in den arbeitenden Klassen! Sind das etwa lauter Trunkenbolde? Und weiß nicht jeder Arzt, daß die regelmäßigst lebenden, den besten Leumund genießenden, ihr Amt würdig ausfüllenden Männer nur allzu oft an der Wirkung ihres allgemein als durchaus zulässig und mäßig betrachteten Bier- oder Weingenusses zu Grunde gehen?

Aber wir verfügen heute auch schon über Versuche und Forschungen, die den strengen Anforderungen neuzeitlicher Naturwissenschaft Rechnung tragen; gilt ja doch heutzutage keine Wahrheit, auch wenn sie auf der Straße liegt und jedem offenbar werden muß, der mit gesunden Sinnen durch das Leben geht, so lange sie nicht »exakt« bewiesen ist, worunter die allerstrengste Schule eigentlich nur den Beweis durch den Tierversuch, höchstens noch durch sehr ausgebreitete statistische Untersuchungen verstanden wissen will. Nun, es gibt Tierversuche, die zeigen, daß schon sehr kleine Alkoholmengen die Widerstandsfähigkeit der Tiere gegen ansteckende Krankheiten herabsetzen: andere, die beweisen, daß Weibchen, denen man Alkohol durch längere Zeit eingeflößt hat, minderwertige Jungen zur Welt gebracht haben. Wir haben zahlenmäßige Aufstellungen, die sich auf Tausende von Fällen beziehen und ganz unzweideutig lehren, daß die Töchter der für die Entwicklung der Nachkommenschaft so ungeheuer bedeutungsvollen Fähigkeit die Kinder an ihrer Mutterbrust zu stillen um so leichter und öfter verlustig werden, je höher der Alkoholverbrauch ihrer Väter war, und daß Trunksucht der Vorfahren so gut wie sicher den Verlust der Stillfähigkeit nach sich zieht. Ebenso einwandfrei ist die Tatsache bestätigt, daß auch Nervenkrankheiten, Tuberkulose und Zahnfäulnis der Nachkommenschaft im geraden Verhältnisse zum Alkoholverbrauche der Väter und Großväter stehen, daß die Kinder der Abstinenten mit größerem Gewichte geboren werden, rascher zunehmen, ihre Zähne früher und rascher bekommen, seltener im ersten Lebensjahre sterben als die der Nichtabstinenten.

Damit wird eines der wichtigsten und ernstesten Kapitel dieser ohnedies schon wichtigen und ernsten Frage berührt: der Einfluß des Trunkes auf die Nachkommenschaft, mit anderen Worten, die Schädigung der Keime durch den Alkohol. Von vorne herein ist es so gut wie sicher, daß die überaus empfindlichen und zarten Keimzellen weder der Betäubung durch den im Blute flutenden Alkohol entrückt sein noch auch dieser Beeinträchtigung ihrer Lebenstätigkeit ohne Schädigung entgehen werden. Tatsächlich haben Untersuchungen gelehrt, daß gerade die Keimdrüsen sehr weitgehende Zerstörung durch den Alkohol erleiden. Nicht minder fest steht die Lehre, daß Gifte, die in den Körper eingebracht werden, bis in die Keimzellen vordringen und darin Schädigungen anrichten, die ihre Wirkung auf das zukünftige Leben erstrecken, das aus den vergifteten Keimen hervorsproßt. Die Jahrtausende alte Erfahrung aller Völker, daß die Kinder von Trinkern minderwertig, an Geist oder Körper krank, verkommen und entartet sein können und nur allzu oft sind, hat durch die Wissenschaft ihre Erklärung und Bestätigung gefunden. Die Trinksitte ist ein bedeutungsvoller Hauptpunkt in der Rassenaufzucht und Rassenentartung.

An dieser über jeden Zweifel erhabenen Tatsache wird sehr wenig durch die Unsicherheit geändert, die heute noch über die Art und den Grad der Rassenverschlechterung durch die Alkoholvergiftung der Völker besteht. Wenn von der einen Seite behauptet wird,

die Neigung zum Trunke sei sehr oft das Merkmal bereits beste-
hender Entartung, so ist an der Richtigkeit dieser Beobachtung gar
nicht zu zweifeln. Dadurch wird aber nicht im mindesten die ebenso oft beobachtete und erwiesene Tatsache aus der Welt geschafft
oder ihrer Bedeutung beraubt, daß Verderbnis in bisher gesunde
Familien durch den Alkohol hineingetragen oder geringe Grade
unbemerkbarer Minderwertigkeit durch den Trunk sichtbar geworden und zum jähen Aufflackern gebracht worden sind. Es bestehen
hier äußerst verwickelte Wechselbeziehungen, so viele Ursachen
und Wirkungen kreuzen sich, verstärken oder heben einander auf,
daß es außerordentlich schwer ist, einen der Bestandteile für sich
allein zu beobachten, seine Wirkung unbeeinflußt von den anderen
festzustellen. Es gibt mannigfache Ursachen der Entartung, ohne
Zweifel, aber eine davon ist der Trunk: es gibt viel Minderwertigkeit, die nicht durch Alkohol verursacht wurde, aber die, für die er
die Verantwortung trägt, ist noch ungeheuer genug. Und endlich,
was vielleicht als das Wesentlichste bezeichnet werden muß: in
zahllosen Fällen tritt er der Erneuerungskraft der Natur in den Weg:
wo sie mit Hilfe der Zuchtwahl und gesunder Keime die minderwertigen Anlagen unschädlich machen wollte und könnte, verstärkt
er ihre Wirkung und zieht das Gesunde mit ins Verderben. Auch
bliebe manche schlechte Anlage unentwickelt und unschädlich,
wenn sie nicht durch das Gift zur Reife gebracht würde, um erst
dann in die Erscheinung zu treten.

In ganz ähnlicher Weise spielt sich in vielen Fällen die Beeinflussung der seelischen Tätigkeit durch den regelmäßigen Genuß der
Rauschgetränke ab. Wir müssen gestehen, daß wir auf dem Gebiete
des Seelenlebens, seiner Gesetze und seiner Wechselbeziehungen zu
den Vorgängen im Körper noch ganz und gar im Beginne des Er-
kennens stehen; daß es auf diesem Gebiete keine Tierversuche gibt,
erschwert die Untersuchung schon erheblich; und die Beobachtun-
gen am Menschen unterliegen so vielen Fehlern, können sich überdies auf einen verhältnismäßig so kleinen Ausschnitt der geistigen
Vorgänge erstrecken, daß wir in den meisten Belangen auf Ähnlich-
keitsschlüsse angewiesen, in manchen Punkten aber über Hypothe-
sen nicht hinausgekommen sind.

Wohl haben wir ziemlich genauen Einblick in die seelischen Vorgänge, die sich bei der akuten Alkoholvergiftung, beim Rausche,

abspielen; wohl lehren uns zahlreiche sinnreich ausgedachte und mit Mühe und Sorgfalt durchgeführte psychologische Versuche geistvoller Forscher, daß alle einfachen geistigen Leistungen, die der Messung und Zählung zugänglich sind, durch Alkoholgenuß ungünstig beeinflußt werden und zwar durch so geringe Mengen und auf so lange Zeit, daß von der Harmlosigkeit irgend einer, sei es auch noch so unbedeutenden Menge wenigstens für denjenigen nicht mehr die Rede sein kann, der ungestörte Arbeit des Zentralnervensystems für unentbehrlich hält und in der Betäubung wichtiger Großhirnteile empfindliche Schädigung erblickt; wohl haben zahlreiche in vielen Schulen angestellte Untersuchungen den unwiderlegbaren Beweis erbracht, daß die Kinder um so besser lernen, um so raschere Fortschritte machen und um so bessere befriedigendere Sittlichkeit zeigen, je weniger geistige Getränke sie erhalten und daß auch hier die Enthaltsamen bei weitem am besten abschneiden. Aber wie viel bleibt dennoch dunkel und ungelöst! Wie sehr sind wir darauf angewiesen, aus den schlimmen Beispielen, die uns durch leider nur allzuhäufige Wirkungen maßloser Trunksucht auf Charakter und Geist an die Hand gegeben werden, Schlüsse auf die Art der Beeinflussung der Seele durch den lange fortgesetzten Genuß dieses betäubenden Giftes zu ziehen.

Daß diese Beeinflussung eine für den Einzelmenschen durchaus ungünstige ist, bedarf wohl nicht der ausführlichen Beweisführung. Der Alkoholiker ist sowohl was Charakter als was Sittlichkeit, Vernunft anbelangt durchaus minderwertig und selbst anscheinend gute oder doch erträgliche Eigenschaften entpuppen sich bald als Schwäche. Die Seelenlehre des Trinkers, die uns von berufenster Seite, von dem Münchener Psychiater *Kraepelin*, in musterhafter, klassischer Weise geschildert wurde, zeigt nicht einen einzigen erfreulichen Zug, sie gibt uns vielmehr das Bild eines für sich und die Allgemeinheit unbrauchbaren und gefährlichen Menschen. Der Wille wird zunächst erregt, der Trunk macht redselig und mitteilungsbedürftig, das Bedürfnis ist vorhanden, die ungeheueren Kräfte, die man in sich verspürt, in Taten umzusetzen, sei es nun, daß man weit über seine Verhältnisse Geld ausgibt oder glänzende Reden hält oder Laternen einschlägt. Dann aber kommt die Lähmung des Willens, der Umschwung, der Wechsel der Gemütsstimmung. Dazu gesellt sich eine oft unerträgliche Reizbarkeit, die der Umgebung das Leben zur Hölle macht und zu allen möglichen Zusammenstößen, Rechtsbrüchen und Streitigkeiten führt. Die Willensschwäche macht den Alkoholiker der Verführung nur allzu leicht zugänglich, die um so erfolgreicher zu sein pflegt als er sich und seinen Lüsten gegenüber die Urteilsfähigkeit vollständig verloren hat; was er tut, ist recht, und tut er doch einmal etwas Unrechtes, dann sind alle anderen Menschen daran schuld, nur er selbst nicht.

Die edleren Regungen, die besseren Empfindungen sind bis zur völligen Aufhebung abgestumpft; die Gefühlsroheit erreicht oft eine unglaubliche Höhe, Weib und Kind müssen hungern oder stehlen, damit der Gatte und Vater sich das unentbehrliche Gift kaufen kann.

Auffassung und Denken werden allmählich untergraben, das Gedächtnis wird unzuverlässig, geistige Arbeit führt rasch zur Ermüdung. Von Verläßlichkeit ist auch auf Verstandesgebiete keine Rede.

Dies sind nur einige besonders hervorragende Züge aus dem Charakterbilde des Trinkers; sie ließen sich leicht noch reichlich vermehren. Selbstverständlich finden wir genau so wie bei den körperlichen Veränderungen durch den Trunk bald diese, bald jene Seite der Seelentätigkeit mehr betroffen: die Widerstandsfähigkeit ist bei manchem auf Seite des Geistes, bei anderen auf der des Gemütes größer.

Prüfen wir an der Hand dieser lückenhaften Zeichnung den seelischen Durchschnitt unseres Volkes, so werden wir bald zu unserem Schrecken so manche sehr weit verbreitete unerfreuliche Eigenschaft entdecken, die wir in der Seelenlehre des Trinkers gefunden haben; in bald höherem, bald geringerem Grade taucht sie da und dort in der Volksseele auf, besonders auffallend dort, wo dem zwar als mäßig angesehenen, in der Tat aber hart an die höchsten Grade des chronischen Alkoholismus streifenden täglich wiederholten Genusse reichlicher Biermengen gehuldigt wird. Der Typus des Bierphilisters und Kneipstammgastes hat gar verblüffende Ähnlichkeit mit dem von Meister Kraepelin entworfenen Bilde des Trinkers.

Und wer vermag zu behaupten, daß nicht auch schon der allermäßigste Genuß irgend eines geistigen Getränkes die Seele in einem der Beobachtung freilich noch unzugänglichen Grade beeinflußt und schädigt? Wer weiß, ob nicht ein gut Teil der Fehler und Schwächen der mäßigen Trinker auf den Alkoholgenuß zurückzuführen ist, sei es ihres eigenen oder des Trunkes ihrer Vorfahren? Noch ist die Zahl der von Geburt an Enthaltsamen und von enthaltsamen Vorfahren stammenden Menschen viel zu gering, um Vergleiche anstellen zu können; die Erfahrungen jener Abstinenten, die von einem wenn auch mäßigen, doch regelmäßigen Genuß der geistigen Getränke zurückgekommen sind, weisen deutlich in dieselbe Richtung: fast alle bestätigen den außerordentlich günstigen Einfluß, den dieser Schritt auf ihre geistigen Fähigkeiten ausgeübt hat.

Der Alkoholgenuß bietet keinen, nicht einen einzigen, noch so geringfügigen *Vorteil*; er bedroht das Einzelwesen aber mit einer Reihe sehr bedenklicher, folgenschwerer Schädigungen seiner selbst, der ihm anvertrauten Angehörigen, seiner Nachkommenschaft. Daß die daraus erwachsenden Gefahren sich nicht auf den einzelnen beschränken, sondern tiefgehende Wirkungen auf den gesellschaftlichen Organismus haben müssen, versteht sich von selbst; ihrer Betrachtung sei der nächste Abschnitt gewidmet.

Die Wirkungen auf die Gesellschaft

Alljährlich verwendet – richtiger wäre wohl gesagt, verschwendet – das deutsche Volk, soweit es im Reiche wohnt, einen Betrag von mehr als dreieinhalb Milliarden Mark, um sich in den Besitz des Rauschgiftes zu setzen; genau kann die Summe begreiflicher Weise nicht ermittelt werden, die Schätzungen schwanken zwischen dreieinhalb und beinahe vier Milliarden; aber nehmen wir auch die niedrigste Schätzung als richtig an, so ergibt sich immerhin eine so ungeheuerliche Vergeudung des Nationalvermögens und des Arbeitsertrages, daß schlimme Folgen schon wegen solch' unzweckmäßiger Wirtschaft eintreten müßten, selbst wenn die geistigen Getränke harmlose Genußmittel und nicht verwüstende Gifte wären. Kein Volk, und wäre es noch so reich, darf sich ungestraft den Aufwand gönnen, ungezählte Milliarden wegen eines zum mindesten unfruchtbaren Nervenkitzels wegzuwerfen.

Den von unglaublicher Rückständigkeit und volkswirtschaftlicher Verwirrtheit höchsten Grades zeugenden Einwand, das zur Anschaffung der geistigen Getränke ausgegebene Geld sei ja nicht verloren, sondern komme der Landwirtschaft, dem Gewerbe, dem Handel zu gute, noch dazu, wie gewöhnlich mit besonderem Schwunge betont wird, im Inlande, so daß heimischer Fleiß dadurch seinen Lohn finde und der Trunk gewissermaßen zu einer patriotischen Tugend vorrücke, während ja allerdings das Geld für Kaffee und Tabak zum großen Teile ins Ausland wandere, bedarf wohl kaum einer eingehenden Widerlegung. Längst ist die Meinung als verhängnisvoller Irrtum entlarvt, Erzeugung und Umsatz von Werten sei an sich, ohne Rücksicht auf deren vorteilhafte oder schädliche Wirkung auf Gesundheit, Entwicklung, Fortschritt und Zufriedenheit, nützlich und erstrebenswert, kein Zweifel besteht mehr darüber, daß nur solche Güter den Reichtum der Nation steigern und zum Wohle der Gesamtheit beitragen, die sich den sittlichen und kulturellen Grundsätzen der jeweiligen Entwicklungsstufe unterordnen. Erzeugung schädlicher Güter ist Arbeitsvergeudung; sie nehmen Kraft für sich in Anspruch, die zum Besten der Allgemeinheit anderen, nützlicheren Zwecken zugewendet werden sollte und auch würde, wenn das Bedürfnis nach dem gefährlichen

Genußgifte nicht stärker wäre als das nach edleren und notwendigeren Bedarfsgütern.

Was würde geschehen, wenn im Deutschen Reiche die vierthalbtausend Millionen nicht auf Rauschgetränke ausgegeben würden? Gingen sie verloren? Würden sie nicht verdient, erarbeitet, wieder ausgegeben werden? Eines so sicher wie das andere! Nur würde dann mehr Fleisch (was allerdings nicht wünschenswert ist) oder Mehl oder Zucker, mehr Obst und Gemüse verzehrt werden; nur würde der eine sich besser kleiden, der andere netter wohnen, der dritte eine Reise mehr unternehmen, der vierte Bücher oder Bilder kaufen und ins Theater gehen, der fünfte seine Kinder mehr lernen lassen, der sechste endlich das erübrigte Geld in die Sparkasse legen, die es weiterborgt, damit Häuser gebaut, Gewerbe gegründet, öffentliche Unternehmungen durchgeführt werden können. Wer kann bezweifeln, daß die dreieinhalb Milliarden der Gesellschaft viel bessere Dienste leisten würden, wenn sie auf solche Weise verwendet würden als wenn sie versoffen werden?

Und da dann selbstverständlich mehr Maurer, Bäcker, Metzger, Buchhändler usw. Brot fänden, die Obst- und Gemüsegärten erweitert werden müßten, der Bauer bessere Absatzbedingungen für seinen Weizen fände, so würden alle jene Menschen, die jetzt von der Erzeugung und dem Vertriebe der geistigen Getränke leben, ebenso gute, ja voraussichtlich bessere Lebensbedingungen finden.

Noch aber haben wir bei dieser Betrachtung nicht in Erwägung gezogen, daß bei der Erzeugung der Rauschgetränke viele Millionen von echten, kostbaren Werten zerstört werden müssen. Viele tausend Zentner Zucker und Stärke, gute, echte Nahrungsmittel, werden von den Hefepilzen gefressen, die an ihre Stelle ein Gift setzen; dafür muß Brotgetreide aus dem Auslande eingeführt werden, um den Bedarf zu decken! Eine derart widersinnige Wirtschaft wird aber von den Verteidigern des Alkoholgenusses als geheiligt gepriesen, Andersdenkende müssen sich den Vorwurf gefallen lassen, blühende Industrien dem Verderben preiszugeben und dadurch den Wohlstand und – was wiederum mit Nachdruck hervorgehoben wird – die Steuerkraft des Volkes zu bedrohen.

Diese letztgenannte Gefahr steigt besonders den Finanzministern zu Kopfe, die je länger je mehr die Trunksucht der Völker zum willkommenen Ausbeutungsobjekt machen; die Abgaben von Bier und Branntwein, die Erlaubnisgebühren der Schankstätten bilden in der ganzen Welt eine Säule der Voranschläge, kein Wunder daher, daß die Regierungen in ihrer ewigen Angst vor Betriebsabgängen bei dem Gedanken erzittern, der allgemeine Suff könne eine wenn auch noch so kärgliche Abnahme erfahren; denn das gibt dann gleich ein Millionenfehlbetrag. Die Kurzsichtigkeit dieser Gebahrung liegt auf der Hand; durch die Zerstörung nützlicher Nahrungsstoffe, die Herabsetzung der Arbeitskraft und des Arbeitsertrages der Nation durch ihre Alkoholisierung, durch die Vernichtung von Menschenleben, Familien und Gewerben, durch die Entziehung ungeheuerer Summen für andere, fruchttragende Zwecke, die das Steuererträgnis mehren würden, während es durch den Trunk herabgesetzt werden muß, entgehen der Staatskasse weit größere Beträge, als sie aus den berauschenden Getränken herauszupressen imstande ist. Eine Nation, die die Riesensummen ersparen oder auf fördernde Zwecke verwenden würde, die jetzt in Alkohol umgesetzt werden, würde die von Bier und Schnaps gelieferten Steuern mit größter Leichtigkeit aufbringen.

Damit noch nicht genug: die Ausgaben des Staates und der anderen gesellschaftlichen Organe, der Städte, Kreise usw., würden sehr wesentlich geringer werden, bezw. es könnte ein beträchtlicher Teil der jetzt auf ertragslose Lasten verwendeten Beträge anderen, nützlichen Zwecken zugewendet werden, wenn der Trunk seine Rolle ausgespielt hätte. Wer füllt die Irrenhäuser, deren gar nicht genug errichtet werden können? In den Männerabteilungen zu einem Drittel (gering gerechnet) die Opfer des eigenen oder des elterlichen Mißbrauchs. Für wen sind die Strafgerichte, die Gefängnisse, Zuchthäuser, Besserungs- und Zwangsarbeitsanstalten in erster Linie da? Die Statistik lehrt, daß von den allerhäufigsten Gesetzesverletzungen, den körperlichen und Sachbeschädigungen, Beleidigungen, Sittlichkeitsvergehen, Raufhändeln, Totschlägen bei weitem die meisten im Zustande der Berauschung oder von Alkoholkranken begangen werden, daß Bummler und Arbeitsscheue fast ausnahmslos unter der Geißel des Branntweins stehen oder von Trinkern abstammen und auch unter allen anderen Arten von Entarteten, Entgleisten und Herabgekommenen, die zu den Dieben, Fälschern, Spielern und Betrügern das größte Kontingent stellen,

Trunksüchtige am häufigsten sind. Daß die Armenlasten zu zwei Dritteln etwa mittelbar oder unmittelbar gleichfalls auf den Trunk zurückzuführen sind, bezweifelt kein Einsichtiger; die Witwen und Kinder der durch ihn arbeitslos Gewordenen, krank Gemachten oder vorzeitig ins Grab Gesenkten sind es, die der allgemeinen Mildtätigkeit anheimfallen. Epileptikeranstalten, Hilfsschulen, Verwahrungshäuser für Blöd- und Schwachsinnige würden zur Hälfte geschlossen werden können, wenn –! Die Träger der Arbeitsversicherung könnten jährlich Millionen ersparen, wenn sie nicht in so hohem Maße von der Fürsorge für die Opfer der Trinksitte belastet würden. Welche Summen sie die Krankenkassen kosten, wurde durch die vor einigen Jahren veröffentlichten Untersuchungen der Leipziger Ortskrankenkasse einwandfrei nachgewiesen; daß ein überaus großer Teil der Unfälle auf die Störung wichtiger geistiger Funktionen durch leichte Betäubung zurückzuführen ist, lehren tausendfache Erfahrungen; Leichtsinn und Unvorsichtigkeit sind ja eine der sichersten Wirkungen des Alkohols. Wie sehr vorzeitiger Eintritt der Erwerbsunfähigkeit bei Trinkern zu befürchten ist, beweisen die Maßregeln, die seitens vieler Landesversicherungsanstalten gegen den Alkoholismus und zur Heilung Trunksüchtiger durchgeführt wurden; gewiß nicht durch Nächstenliebe, sondern durch sehr berechtigte Sorge für eigenen Vorteil wurden sie dazu bewogen.

So muß die Gesellschaft ganz gewaltige Summen opfern, um nur die auffälligsten Schäden wieder gut zu machen, die ihr durch die Trinksitten zugefügt werden; wir können mit Bestimmtheit annehmen, daß ein recht beträchtlicher, vielleicht der bei weitem größte Teil des Erträgnisses der Alkoholsteuern auf diese Weise wieder verausgabt werden muß. Aber es bedarf wohl gar nicht der Versicherung, daß damit das Sündenverzeichnis noch lange nicht erschöpft ist und weitere Millionenverluste entstehen, die nicht so klar zu Tage liegen und daher vernachlässigt zu werden pflegen. Hierher gehören in erster Reihe die Arbeitsminderleistungen infolge des Trinkens; die unzählbaren versäumten Arbeitstage, die Material- und Kraftvergeudung als Wirkung der Sonntags»heiligung«, das Zugrundegehen tüchtiger, begabter, wertvoller kindlicher Einzelwesen, denen wegen Trunksucht des Vaters die erforderliche Ausbildung vorenthalten wurde und noch viele, viele andere Wege, auf denen sich das verhängnisvolle Gift der vollen Ausnützung der Volkskräfte in den Weg stellt.

Was bei der Besprechung der Wirkungen auf das Einzelwesen betont wurde, gilt auch von dem Einflusse auf die Gesellschaft: Ins Auge fallend, meß- und zählbar sind bloß die allerschlimmsten, durch die höchsten, allgemein als Trunksucht anerkannten Grade des Genusses angerichteten Schäden; die viel häufigeren Folgen des sogenannten mäßigen Trunkes entziehen sich zumeist der Beobachtung und Aufzeichnung, schon deshalb, weil sie ihrer allgemeinen Verbreitung wegen als selbstverständlich und unvermeidlich hingenommen werden. Trotzdem kann nicht bezweifelt werden, daß auch der für harmlos angesehene tägliche Trunk sehr verderbliche Wirkungen auf das Gesamtarbeitserträgnis des Volkes ausübt, die übliche Weise sich zu erholen und zu zerstreuen viel Unheil im Gefolge hat, so manches Unglück (es sei nur an Eisenbahnunfälle erinnert) vermieden werden könnte, wenn die als zulässig angesehene »Ansäuselung« verpönt würde, und daß gerade der sogenannte »mäßige« Genuß dem Volke die größten materiellen Opfer auferlegt.

Sehen wir aber einmal von den im Schuldbuche des Alkohols mit so gewaltigen Ziffern verzeichneten Schädigungen, so weit sie auch von den Anhängern des Trunkes zugegeben werden, ganz ab; lassen wir es unbeachtet, daß er Verbrechen, Krankheit, Irrsinn, Armut, Tod und Verderben züchtet, Geschlechter entartet und die Zukunft bedroht; nehmen wir an, daß er nur die so vielgelobte und heiß ersehnte Wirkung hätte, die Gehirnzellen des Menschen auf kurze Zeit zu betäuben, sie in einen Zustand zu versetzen, in dem er sich glücklicher und fröhlicher fühlt, sein Unglück und seine Sorgen vergißt; und fragen wir uns dann, welche Folgen denn diese sich täglich wiederholende Umnebelung der Seele, dieses künstlich hervorgezauberte Trugbild auf die Gesellschaft, auf das Wohl der Nation haben kann, haben muß?

Die Alkoholisierung und die sie begleitenden Nebenumstände – die Schenke, die Bierbankgeselligkeit, der Nikotinmißbrauch, das Kartenspiel, wohl auch die Kellnerin – sind gegenwärtig für einen sehr bedeutenden, man darf leider sagen, für den größten Teil der männlichen Bevölkerung der einzige Genuß; die flüchtige Schilderung der Trinksitten in einem vorhergehenden Abschnitte hat ja gezeigt, welche Rolle sie im Leben des deutschen Volkes spielen. Die Befriedigung der sich mit mehr oder weniger großem Ungestüm geltend machenden Sucht genügt dem Bedürfnisse nach Erholung und Genuß vollauf, so daß andere, Geist und Gemüt erhebende, dabei aber freilich an die Denktätigkeit etwas höhere Ansprüche stellende Genüsse nicht verlangt, ja mißachtet und zurückgewiesen werden, wenn dieser Kulturlosigkeit in der Regel auch irgend ein verhüllendes Mäntelchen umgehängt wird; denn das empfinden die Meisten doch, wie verächtlich diese Art der »Unterhaltung« ist. Natur und Kunst haben für diese Leute nicht die geringste Anziehungskraft, im Gegenteile, sie fühlen sich durch wahre, nicht der niedrigsten Sinneslust schmeichelnde Kunst gelangweilt und wissen den herrlichsten Naturgenüssen nicht das mindeste abzugewinnen.

Trinksitte und Kneipenbesuch erweisen sich daher als eines der gewaltigsten Kulturhindernisse, denn wir können von echtem Fortschritte wahrlich nicht sprechen, so lange sich die innerliche Befreiung der Volksmassen nicht vollzogen hat, die Verehrung der Natur, Begeisterung für die in ihr sich entfaltende geheimnisvolle Größe, Aufgehen in das wunderbare Rätsel des Werdens und Vergehens zur Voraussetzung hat. Die Menschen werden trotz Fernsprecher, Luftschiff, Farbenphotographie und anderen staunenswerten technischen Kunststücken eine rohe Horde bleiben, so lange sie ihr Vergnügen darin finden, sich mit Bier oder Wein vollzupumpen, anstatt die wenigen Feierstunden des kurzen Lebens im Genusse der Herrlichkeiten des Weltalls zu verbringen.

Kunst setzt Kenntnis und Bewunderung der Natur voraus; kein Wunder, daß die Kneipstammgäste nichts von ihr wissen wollen. Unsere Dichter werden nicht gelesen, edle Musik läßt die Meisten kalt, nur der Gassenhauer reißt fort. Bilder und Bildwerke? Ja, die aus der Woche, aus dem »Interessanten Blatt«, die etwas »neues« bringen, womöglich einen Riesenbrand oder das Bildnis eines Bankräubers. Was lockt denn die Menge in die Kinematographentheater? Aufregungsbedürfnis oder Schlüpfrigkeit; nur den Geist nicht anstrengen, nur sich außer der Arbeits- oder Amtsstunde nicht plagen müssen, wäre es auch damit, einem guten Buche, einem tiefempfundenen Tonstücke seine Reize abzugewinnen.

Das Lustgefühl der Alkoholbetäubung macht die Menschen aber nicht nur in ihren Ansprüchen auf Genußmöglichkeiten genügsam – die höchste und erstrebenswerteste ist und bleibt natürlich das von irgend jemand, und sei es auch der grimmigste persönliche oder politische Gegner, gespendete Faß Bier – sie werden auch in vielen anderen Dingen anspruchslos und finden sich mit Ergebung in Zustände, die ihre helle Empörung hervorrufen sollten. Der nie rastende Urgrund allen Fortschrittes, aller menschlicher Arbeit sogar, die über den Erwerb der unentbehrlichsten Lebensnotwendigkeiten hinausgeht, ist die Unzufriedenheit im besten Sinne des Wortes, der Wunsch, seine natürlichen oder erworbenen Bedürfnisse in immer steigendem Grade zu befriedigen, sich, seinen Kindern, seinem Volke oder seiner Klasse eine bessere Lebenslage zu schaffen. Wer mit dem bestehenden Zustande zufrieden ist, wird sich gar keine Mühe geben, sie zu ändern oder zu bessern; wozu auch?

Darum gibt es gar keinen größeren Feind der auf Hebung der wirtschaftlichen Lage, des Kulturstandes, der sozialen Bedingungen abzielenden Bestrebungen als die Zufriedenheit der Anheiterung. Durch sie werden die Biertischphilister großgezogen, diese geschworenen Feinde aller Größe, die echtesten Rückschrittler, die nur um Himmels willen nicht in ihrer Behaglichkeit gestört sein wollen, die zwar an allem und jedem nörgeln, weil ihr Instinkt stets eine Gefahr für die Ungestörtheit ihrer Plattheiten dahinter wittert, aber irgend ein Opfer zu bringen für Fortschritte, die ihnen selbst zu Gute kommen müßten oder das Wohl des Ganzen fördern, niemals gesonnen sind. Der verstorbene Führer der Konservativen im preußischen Abgeordnetenhause, der vor vielen Jahren den Ausspruch tat: »Laßt doch ja dem kleinen Manne sein Gläschen«, wußte wohl, was er sprach; der brave Spießer, der sich Tag für Tag beim Schoppen erholt und sich dort als König und Herrscher fühlt, wird zwar weidlich über Behörden und Bürgermeister schimpfen, um zu beweisen, daß er das Regieren und Verwalten viel besser versteht – denn er versteht überhaupt alles am besten – Revolution wird er aber keine machen und sich auch sonst leicht zufrieden stellen lassen – vorausgesetzt natürlich, daß man ihm »sein« Lieblingsgetränk nicht verteuert oder die Wirtschaften früher zusperrt als er nach Hause zu gehen gewöhnt ist; denn in dieser Hinsicht versteht er keinen Spaß.

Diese Spießerhaftigkeit und Verflachung beginnt leider schon bei der Jugend, die mit Ungestüm gegen die ererbten Mißstände zu Felde ziehen, Philistertum verfolgen und Rückwärtserei in Grund und Boden verhöhnen sollte, anstatt dessen jedoch ihre Mannhaftigkeit durch Leeren einer möglichst großen Zahl von Krügeln zu beweisen bemüht ist und die Abende und Sonntage nach dem angestaunten Beispiele der Väter in der Kneipe verbringt. Welche Zukunft kann wohl der Gesellschaft, der Nation beschieden sein, wenn der Jüngling im Becher die Heiterkeit und den Frohmut sucht, die ihm die Vollkraft seiner Gesundheit und Tüchtigkeit verleihen sollte? Wie kann es besser und schöner werden, wenn das kommende Geschlecht wieder nichts anderes verlangen wird als gute Weinjahre, ein süffiges, wohlfeiles Bier und viel, viel Zeit und Geld, um diese beiden Gottesgaben, bekömmlich gemacht durch dazwischen hingestreute Schnäpschen, in möglichst großen Mengen genießen zu können?

Die Trinksitte übt aber auch darum eine verderbliche Wirkung auf die Gesellschaft aus, weil sie dem die Rauschgetränke erzeugenden und verkaufenden Kapital einen verhängnisvollen Einfluß auf die öffentliche Meinung verschafft. Brauer, Brenner und Weinhändler in erster Reihe, dann aber auch die von ihnen abhängigen Wirte – und das sind die allermeisten – haben das selbstverständliche Begehren, den Verbrauch an geistigen Getränken auf der bisherigen Höhe zu erhalten, ja wenn irgend möglich noch zu steigern. Zur Erreichung dieses Zweckes bedienen sie sich nicht nur aller möglichen erlaubten Mittel, sie scheuen sich leider auch nicht, hie und da, in letzter Zeit sogar ganz planmäßig und mit Aufwendung großer Mittel, das Volk irrezuführen, die Lehren der Wissenschaft über die Wirkung der Genußgifte zu verdunkeln und zu mißdeuten, den Feldzug für ihren Gewinn mit Verleumdung zu führen. Sie suchen aber begreiflicher Weise auch Politik, Verwaltung und Gesetzgebung in einem für ihr Geschäft möglichst vorteilhaften Sinne zu beeinflussen, was zwar andere Geschäftsleute auch tun, bei ihnen aber weit gefährlicher ist, weil sie in dem Wirtshause einen erprobten Weg zur öffentlichen Meinung besitzen und das Volk dort in verschiedenster Weise beeinflussen können. Da aber auch der Staat als größter Alkoholgeschäftsmann mit ihnen im Bunde ist, fehlt es der Nation an einem unbefangenen, nicht vom Eigennutze geblendeten Wächter ihres Vorteils. Staat, Alkoholkapital und Verbraucher unterschätzen die Gefahr der Trinksitte, schließen die Augen vor dem unendlichen Unglücke, dem zunehmenden Verderben, den bedrohlichen Entartungszeichen, die das Steigen der Alkoholflut zeitigt, sie sehen in den Bestrebungen nach Besserung und Heilung blinden Fanatismus, wünschen die Fortdauer des Bestehenden. Eine geschlossene Truppe stehen sie den Stürmern gegen die Trinksitten gegenüber, die allmählich aus dem zur Erkenntnis seiner Leiden erwachenden Volke hervorwachsen. Und letztere sind es, die den Kampf gegen die Rauschgetränke führen, an dem der Staat und die Verbraucher nur gezwungen und widerwillig, die Interessenten bloß scheinbar und berechnend teilnehmen. Die Entwicklung und Waffen dieses Kampfes seien nunmehr geschildert.

Der Kampf gegen die Unmäßigkeit

»Wider den Sauffteuffel« heißt eine kleine, im Jahre 1552 erschienene Schrift, die einen schlesischen Geistlichen namens Mathäus Friderich zum Verfasser hat. Und gleich zu Beginn des ersten Kapitels gibt er folgende Erklärung des Begriffes »Sauffen«: Sauffen aber heißt (wie es alle vernünftigen Menschen verstehen), wenn man mehr in Leib geußt, denn die Notturfft foddert.

In diesem aufrichtigen Satze des ehrlichen schlesischen Pfarrers, der dem Weine, so nach seiner Ansicht des Menschen Herz stärkt und erfreut, durchaus nicht abhold war, liegt die ganze Tragik der unübersehbaren Anstrengungen enthalten, die seit Jahrtausenden gemacht wurden, um die Menschen vor dem »Sauffen« zu bewahren und sie zu lehren, nicht mehr in ihren Leib zu geußen, denn die Notturfft foddert. Bemühungen, die erfolglos waren und bleiben mußten, weil sie weder der Willensschwäche der großen Mehrheit noch auch der suchterweckenden Art der betäubenden Genußgifte Rechnung trugen; sie verlangten vom Einzelnen, die Grenze zu bestimmen, bei der des Leibes Notturfft befriedigt ist und das Sauffen beginnt, ein Verlangen, dem nach ungezählten Erfahrungen nicht einmal Professoren der Physiologie und Hygiene zu genügen vermögen, sobald ihr Gehirn unter der Einwirkung des betäubenden Trankes steht, das daher an den überwiegenden Teil der Menschheit unerfüllbare Anforderungen stellt.

Hier eine auch nur lückenhafte Geschichte der Mäßigkeitsbestrebungen zu geben, ist ganz unmöglich; es ist aber deshalb kaum notwendig, weil die Grundsätze dieser Bewegung bei allen Völkern und zu allen Zeiten dieselben gewesen sind und sich ihre Mittel und Wege seit der Zeit der alten Aegypterreiche bis in das Mittelalter hinein kaum verändert haben. Bitten, Beschwörungen, Drohungen und Strafen waren die Mittel, die je nach dem Grade und dem Umfange, den Trunksucht und Völlerei in dem jeweiligen Zeitabschnitte erreichten, in sparsamerer oder freigebigerer Weise angewendet wurden. Priester, Philosophen und Staatsgewaltige verbündeten sich; die ersten predigten, die zweiten mahnten, die letzten straften; die Bußen waren nicht selten hart und grausam – wir dürfen wohl annehmen, daß es sich bei der Bestrafung der Trunkenheit auch in früheren Zeiten um Klassenrechtsprechung gehandelt hat und nur plebejische Räusche geahndet wurden, während die der oberen Zehntausend sich frei entfalten durften.

Der Genuß der Rauschgetränke wurde seit jeher und wohl bei allen Völkern, die ihre Bekanntschaft gemacht hatten, als nicht nur statthaft, sondern als vorteilhaft und nützlich angesehen; Beweis dafür ist die Stellung, die ihnen in den Göttersagen und Märchen eingeräumt, die Verehrung, die ihnen von Priestern und Dichtern erwiesen wird. Selbst der Rausch wurde keineswegs immer und überall verpönt, denn wenn auch Einsichtigere und Vernünftigere vor der Trunksucht warnten, so betrachtete das Volk das Trinken bis zum Verluste des Bewußtseins zu vielen Zeiten als etwas Erstrebenswertes, das für den freien Mann durchaus nichts Ehrenrühriges enthält. Strenger wurde allerdings fast überall das Trinken Minderjähriger und besonders der Frauen beurteilt und es ist stets ein Zeichen der Entartung, wenn die letzteren an den Trinkgelagen teilzunehmen beginnen oder gar Völlerei treiben, wie zur Zeit des römischen Kaiserreiches oder des sinkenden Mittelalters.

Blicken wir unbefangen um uns her, so müssen wir zugestehen, daß sich an diesen Verhältnissen bis zum heutigen Tage so gut wie nichts geändert hat, all den hunderttausendmal wiederholten Mahnungen zur Mäßigkeit zum Trotze. Nicht nur die große Menge des Volkes, der Arbeiterstand, die von den Kulturgütern noch ferne gehaltenen Massen sehen in der Angetrunkenheit bis zur äußersten Grenze nichts Anstößiges, dasselbe gilt auch von den Führern der Nation, von den Gelehrten, Ärzten, Priestern, Lehrern, Parteiführern. Sie alle finden es durchaus zulässig, bei passender Gelegenheit weit über die Grenzen der noch so weitherzig bemessenen Mäßigkeit hinauszugehen, bei Ehrentafeln, Festschmäusen, Studienreisen, Kongreßbewirtungen u. dgl. mehr, weit mehr in ihren Leib zu geußen, denn die Notturfft foddert. Wenn man die Zahl der bei derartigen Gelegenheiten geleerten Flaschen und Fässer durch die der Teilnehmer dividiert, so kommt man zu höchst bedenklichen »Durchschnittswerten«, welche die in sehr »feinen« Kreisen herrschenden Anschauungen über die Mäßigkeit in ein eigentümliches Licht stellen. Wenn man überlegt, daß das dieselben Menschen sind, die größtenteils im Kampfe gegen die Trunksucht vorausgehen, so wird einem die Fruchtlosigkeit dieser Sisyphusarbeit ohne weiteres klar.

Der alte Grundsatz der Mäßigkeitsbewegung, daß der Genuß der Rauschgetränke an sich zulässig und unschädlich und nur die Trunksucht verdammenswert sei, hat seit Einführung des Branntweins in die Volkssitten eine etwas andere Fassung erhalten; von der Zeit an wurden die gegorenen Getränke unter den Schutz der Mäßigkeitsapostel genommen, man empfahl sie wärmstens und erblickte in ihnen das sicherste Mittel gegen die Schnapspest, der man ganz machtlos gegenüberstand. Zu jener Zeit zeigte sich die Mäßigkeitsbewegung in ihrem übelsten, widerwärtigsten Gewande; mit pharisäischer Miene predigte man gegen den Suff der Menge, stellte ihr das Sündhafte und Verderbliche ihres Tuns in den grellsten Farben vor die Augen, schalt sie wegen ihrer Lasterhaftigkeit – von dem wahren Charakter der Alkoholwirkung und der Krankhaftigkeit des Alkoholismus hatte man ja noch keine Vorstellung – und dann ging man hin und trank sich mit Wein und Bier toll und voll; daß man hie und da und nicht zu knapp auch einen »Likör« dazwischengoß, nahm man sich nicht weiter übel; Likör und Schnaps ist ja lange nicht dasselbe.

Auf solche Weise geriet die Mäßigkeitsbewegung beim Volke in den schlechtesten Ruf; ihre Vertreter kamen allesamt in den Verdacht, zu heucheln und zu lügen; daß sie öffentlich Wasser predigten und heimlich Wein tranken, wurde allgemein angenommen, wenn es natürlich unter ihnen auch viele ehrliche, aufrichtige Leute gab, die tatsächlich ihrer Überzeugung gemäß handelten und sprachen; sie hielten eben an der alten Irrlehre fest, daß zwischen Branntwein und den gegorenen Getränken Beschaffenheitsunterschiede herrschen, schoben ersterem die offenkundigen Nöte des Alkoholismus zu und gaben sich alle Mühe durch Verbreitung und Verwohlfeilung des Weines, besonders aber des Biers, den Branntweingenuß einzudämmen.

Die Grundlagen dieser Richtung wurden in demselben Augenblicke zertrümmert, in dem die Gleichartigkeit der Wirkung aller Rauschgetränke wissenschaftlich erwiesen war; übrigens konnte dem unbefangenen Blicke nicht lange verborgen bleiben – und um so weniger, je verbreiteter und gewaltiger der Bierverbrauch wurde

– daß es neben dem Schnapsalkoholismus einen Bieralkoholismus gibt, der sich neben seinem minder geachteten Bruder recht wohl sehen lassen kann, ja in manchen Gegenden und Bevölkerungsschichten zu einer überaus ernsten Gefahr zu werden drohte. Alle ernsten Volksfreunde kamen zur Einsicht, daß die wohlgemeinten Bestrebungen in ein gefährliches Fahrwasser geraten waren und man auf dem besten Wege gewesen war, den Teufel durch Beelzebub auszutreiben. So begann denn allmählich ein Wandel in den Verfahrungsweisen einzutreten, die man zur Bekämpfung der Trinkgefahren anwendete.

Diese waren immer größer und drohender geworden; der Verbrauch stieg unheimlich, in dem engmaschigen Netze, das die Alkoholkapitalisten über das ganze Reich gespannt hatten, fingen sich die Opfer zu Tausenden, Frauen und Kinder wurden in den Strudel gezogen, *es mußte* anders werden, um so mehr, als andere Völker weit voraus waren und sich mit staunenswerter Kraftanstrengung von dem Joche der Trinksitten, die sie zu vernichten drohten, befreit hatten. In Schweden und Norwegen waren Tausende von Destillierblasen gesperrt worden, eine mächtige Welle von Nüchternheitsbegeisterung kam über das Weltmeer herüber. So konnte es nicht ausbleiben, daß auch in Deutschland die Bewegung gegen die Trunksucht und den Mißbrauch in bessere Bahnen einlenkte.

Nicht mehr der Branntwein wurde und wird nunmehr bekämpft, der Angriff richtet sich gegen alle Rauschgetränke. Die Nachsichtigkeit gegen gelegentliche Ausschreitungen, auch wenn sie nicht von Fusel, sondern von Sekt und Pilsner Bier herrühren, hat aufgehört, der Begriff der Mäßigkeit wird viel enger gefaßt, das Trinken vor und während der Arbeit durchaus verworfen, der Alkoholismus als Gesamterscheinung betrachtet und demgemäß auch die Schlachtlinie nicht nur gegen seine auffälligsten Auswüchse gerichtet wie dies früher geschah, sondern gegen seine Quellen und Verzweigungen. Nicht minder bemüht sich die neuzeitliche Mäßigkeitsbewegung, die vielfachen Vorurteile über den Nutzen der geistigen Getränke zu zerstreuen und Aufklärung über den wahren Charakter des Alkohols in allen seinen Abarten zu verbreiten. So kommt es, daß sich die Bestrebungen gegen die Unmäßigkeit in vielen Punkten der Enthaltsamkeitsbewegung sehr genähert und manche Art des Vorgehens mit ihr gemein haben; ihre tüchtigsten

Vertreter leugnen dies auch gar nicht, sondern geben ohne weiteres zu, daß die Enthaltsamkeitsbewegung mächtigen Einfluß auf die Verbände zur Einschränkung der Trunksucht gewonnen hat.

Allem so nahe sich die beiden Bewegungen äußerlich gekommen zu sein scheinen, und so erfreulich und willkommen es ist, wenn sie Hand in Hand arbeiten, anstatt sich zu bekämpfen und herabzusetzen, so wenig darf verkannt werden, daß eine tiefe, weil grundsätzliche Kluft sie trennt, die *niemals* überbrückt werden kann. Denn jede Mäßigkeitsbewegung geht davon aus, daß der Genuß der Rauschgetränke an und für sich nicht bekämpft werden solle und das Ziel ihrer Arbeit die allgemeine Mäßigkeit, der sich in gewissen, sei es auch noch so enge gezogenen Grenzen bewegende Genuß der Allgemeinheit sein müsse. Dabei ist es einerlei, ob diesem Grundsatze die Überzeugung Zu Grunde liegt, daß die Ausrottung der Rauschgetränks unerreichbar sei und darum ausgeschaltet werden müsse aus den Erwägungen vernünftiger Menschen, oder der Glaube, daß eine jahrtausende alte Sitte unmöglich an sich schlecht sein könne, da sich sonst Natur und Selbsterhaltungstrieb des Menschengeschlechtes schon längst von ihr befreit hätte. Der grundsätzliche Unterschied bleibt bestehen, daß von der einen Seite der Genuß aller rauscherzeugenden Getränke an sich, ganz ohne Rücksicht auf ihre Art und Menge, verworfen und bekämpft wird, während sich der Kampf der anderen Partei nur gegen die Schäden und das Übermaß richtet, während der Genuß selbst gutgeheißen wird.

Die Auseinandersetzung der Gründe, die für die Überlegenheit und Sieghaftigkeit des Enthaltsamkeitsgedankens sprechen, sei dem nächsten Abschnitte vorbehalten. An dieser Stelle soll nur auf die Gefahren hingewiesen werden, die der Mäßigkeitsbewegung infolge der Unbestimmtheit und Dehnbarkeit ihrer Lehrsätze dadurch erwachsen, daß sie von unaufrichtigen Bekennern mißbraucht und gefälscht werden; in der Tat hat die ernste und zielbewußte Vertretung der Bewegung heute die größte, nicht immer erfolgreiche Mühe, sich mancher ungeladener Bundesgenossen zu erwehren, die sich an Ihre Schöße hängen, aber nicht um den Alkoholismus zu bekämpfen, sondern um ihn zu schützen und zu erhalten und Eigenvorteile zu vertreten, die sich an die Fortdauer der gegenwärtigen Trinksitte knüpfen.

Der erste zweifelhafte Bundesgenosse ist der Staat, in dessen Brust zwei Seelen wohnen; die eine hat ihren Sitz in den Ämtern der Medizinalreferenten, des Unterrichtsministeriums, der Versicherungsträger usw., sie empfindet die schweren Leiden, die der Alkoholismus dem Staatskörper zufügt und möchte seiner gerne Herr werden; die andere ist von Sorge um die Staatseinkünfte erfüllt, sie sieht im Trunke des Volkes den unerschöpflichen Born, aus dem noch weit mehr Millionen zu schöpfen sind als er jetzt schon spendet, und bäumt sich daher gegen alle Maßnahmen auf, die diesen kostbaren Brunnen zum Versiegen bringen könnten. Aus diesem Gegensatze der Kräfte entsteht eine unsichere, schwankende, unaufrichtige Haltung der Regierenden, die bald da-, bald dorthin neigen und angesichts ihrer unleugbaren sozialen und kulturellen Pflicht den Verbrauch einzuschränken mit Scheinhandlungen und armseligen Mittelchen das öffentliche Gewissen zu beruhigen suchen. Der Staat zerbricht sich den Kopf über der Lösung der unlösbaren Aufgabe, wie man die Trunksucht einschränken könnte, ohne den Verbrauch zu vermindern; sein Traumbild wäre ein hoher Durchschnittsverbrauch, jedermann sollte täglich seinen ordentlichen Anteil hinter die Binde gießen, schon aus vaterländischen Gründen, aber Ausschreitungen, Belästigungen der Öffentlichkeit, lästige, offenkundige Unglücksfälle infolge Mißbrauchs sollten nicht vorkommen; also etwa der stille, in aller Ruhe zur Entartung führende Alkoholismus der Franzosen mit 17 oder 18 Litern absoluten Alkohols auf den Kopf der Bevölkerung, aber keine oder möglichst wenig Räusche dabei.

Dieses vorbildliche Ziel sucht man durch polizeiliche Vorschriften zu erreichen; man bestraft die Trunksucht (natürlich nur die in die Gosse führende des Proletariers), man schließt zu bestimmten Stunden die Schankstätten, man erläßt »Verordnungen«, durch die vor Trunksucht gewarnt wird, und endlich, das ist die Hauptsache, denn es werden beide Zwecke so schön dadurch verbunden, man verteuert die geistigen Getränke durch hohe, stets steigende Steuern. Je mehr sie kosten, desto weniger werden sie gekauft und getrunken, ist die Folgerungskunst dieser hochwohlweisen Regierungstätigkeit; leider hat dieser Denkschluß arge Löcher, wie die Herren Finanzminister wohl wissen; darum stimmen sie gerne solcher Staatstätigkeit gegen die Trinkseuche zu. An dem gleichen

Strange ziehen die Brauer und Brenner, die Weinhändler und alle anderen teils wirklich aus dem Verbrauche der Rauschgetränke Vorteil ziehenden, teils von den Erzeugern zur Gefolgschaft gezwungenen Gewerbe; zu letzteren zählen vor allem die Wirte, die von Haus aus sehr gut ohne den Ausschank der Rauschgetränke ihr Geschäft betreiben könnten, leider aber von den Brauern und Weinhändlern abgabepflichtig gemacht wurden. Sie alle schwärmen für die Mäßigkeit und empfehlen sie in allen Tonarten, beteuern ihren Abscheu vor der Trunksucht und geben Flugschriften, Bücher, Wandanschlage heraus, in denen vor dem Übermaße gewarnt, die Schönheit und Ersprießlichkeit des angemessenen Genusses der Rauschgetränke hingegen in prächtigen Farben geschildert wird. In grellster Weise wird aber die Überspanntheit und die Ungerechtigkeit aller jener gemalt, die an die Aufrichtigkeit der Mäßigkeitsbestrebungen der Bierbrauer nicht glauben wollen und den Pferdefuß solcher Alkoholgegnerschaft aufzuzeigen bemüht sind. Es ist gar nicht daran zu zweifeln, daß es auch den Unternehmern recht angenehm wäre, wenn sich nicht so viele Menschen mit ihren Erzeugnissen so voll und toll söffen, daß sie öffentliches Ärgernis erregen; denn das schadet natürlich dem Geschäfte; aber nicht minder fest steht, daß ihnen das Erträgnis ihrer Unternehmen in allererster Linie steht, daß sie eine Abnahme des Verbrauchs fürchten und mit allen Mitteln zu verhüten suchen; fest steht endlich, daß sie in dieser Angst um ihren Nutzen genau so wie ihr Mitinteressent, der Staat, vor allen wirksamen Maßregeln zurückschrecken, sie als fanatisch und übertrieben brandmarken und sich mit den Federn der Mäßigkeitsförderung schmücken, weil sie darin das sicherste Mittel erblicken, ihren Vorteil zu schützen und der Enthaltsamkeitsbewegung Schaden zuzufügen.

Durch diese falschen Freunde gerät, wie erwähnt, die Bekämpfung des Übermaßes in ein recht schiefes Licht und in Gefahr, mißdeutet zu werden, mag sie auch von vielen Bekennern durchaus ernst genommen werden. Diese sehen sehr wohl ein, daß Ausrottung der Trunksucht ohne tatkräftige Einschränkung des Verbrauchs ein unerfüllbarer Wunsch ist, mit dessen Erstrebung vernünftige Menschen sich nicht abgeben sollen. Sie bemühen sich daher, durch allgemeine Aufklärung das Trinken überhaupt zu vermindern; aber leider werden diese, wenn auch unzureichenden, so doch anzuerkennenden Betätigungen durch die vielen Mitläufer um den größten Teil ihrer Wirkung gebracht, die nach Mäßigkeit schreien, denen es aber nur darum zu tun ist, einen Schlachtruf gegen die Enthaltsamkeit zu haben. Solche Zweideutigkeiten sind unvermeidlich, weil der Begriff der Mäßigkeit, auf ein an sich schädliches, unter keinen Umständen notwendiges Gift angewendet, einen inneren Widerspruch in sich trägt, der zu Mißverständnissen Anlaß geben muß. Von ihnen befreit man sich nur durch ein einziges Mittel, durch den klaren und folgerichtigen Grundsatz der Enthaltsamkeit.

Enthaltsamkeit

Was würde geschehen, wenn die europäischen Völker die Rauschgetränke bis jetzt nicht gekannt hätten und erst in der Gegenwart, etwa durch Entdeckung eines neuen Erdteils, in ihren Besitz gelangten?

Es kann, glaube ich, gar kein Zweifel darüber bestehen, daß alle Staaten sofort die schärfsten Maßregeln gegen das Umsichgreifen einer so gefährlichen und abscheulichen Sitte ergreifen würden; die Einfuhr würde verboten, die Erzeugung im Inlande unter strenge Überwachung gestellt, das Gift in den Sperrschrank des Apothekers verwiesen, Übertretung der Verbote geahndet werden; vor allem aber würde sich die öffentliche Sittlichkeit empört gegen die Einführung einer die Zukunft des Geschlechtes und Volkes in so unübersehbarem Maße bedrohenden Gewohnheit zur Wehre setzen.

Was folgt daraus? Daß Alter und Verbreitung die starken Pfeiler sind, auf denen die Trinksitten beruhen; daß die Absicht, sie auszurotten, darum so ausschweifend zu sein scheint, weil Geschichte und Ueberlieferung von einem Leben ohne Rauschgetränke wenigstens bei christlichen und germanischen Völkern nichts wissen; und weil ein Bruch mit dem Herkommen von so umwälzender Gewalt wie es die völlige Verbannung der Trinksitten ohne Frage ist, den meisten Menschen unfaßbar und unmöglich erscheint.

Diese Gedankenfolge ist unanfechtbar; nicht minder sicher ist es aber, daß daraus zwar die unleugbar großen Schwierigkeiten hervorgehen, die sich auf dem Wege zur allgemeinen Enthaltsamkeit auftürmen, jedoch ganz klar zutagetritt, wie wenig *grundsätzliche* Einwendungen gegen sie erhoben werden können. Alter und Verbreitung mögen einer Einrichtung noch so festen Halt geben, die allgemeine Meinung mag sie als noch so unentbehrlich und unvermeidbar betrachten; wenn sie nicht aus wahrhaften, natürlichen, ihre Befriedigung unerbittlich fordernden Bedürfnissen des Körpers oder der Seele entspringen, so kann und wird sie ausgerottet werden, sobald sie sich als Hemmnis der Weiterentwicklung des Menschentums erweist. Die alten Griechen hätten sich eine Kultur ohne Sklaverei nimmer denken können, tatsächlich hat der Kampf gegen die Jahrtausende alte Einrichtung überaus lange gedauert und ist noch immer nicht ganz beendet; aber niemand zweifelt heute daran, in welchem Sinne er entschieden werden wird und daß wahre Kultur mit Sklaverei unverträglich ist. Denselben Weg geht die Enthaltsamkeitsbewegung.

Bevor ihre Grundsätze entworfen werden, sei ein kurzer Blick auf die Stellung geworfen, die die Abstinenten zu der Frage einnehmen, ob und in wieweit die anderen giftigen Genußmittel, besonders also Kaffee, Thee und Tabak, die bei uns zunächst in Betracht kommen, berechtigt und zulässig seien. Wie oft muß der den Genuß der Rauschgetränke Zurückweisende den wohlfeilen Einwand vernehmen: »Wie, Sie verschmähen ein Glas Wein, rauchen aber eine Zigarre? Wissen Sie denn nicht, daß das Nikotin ein viel stärkeres Gift ist als der Alkohol?« Gewiß wissen wir das, wir stehen auch gar nicht an, die Schädlichkeit des Tabak- und Kaffeegebrauches zuzugeben, wir begleiten nicht minder die Bestrebungen der Kämpfer für fleisch- und reizlose Ernährung[2] mit freundlicher Teilnahme. Wenn wir trotzdem unsere Anstrengungen darauf beschränken, die Trinksitten aus ihrer Herrschaft zu verdrängen und die Menschen von der Notwendigkeit eines Lebens ohne Rauschgetränke zu überzeugen, so geschieht es deshalb, weil der Alkohol an sozialer, volkswirtschaftlicher und kultureller Gefahr alle anderen Volksgenußmittel ganz außerordentlich übertrifft. Er ist vor allem allein ein betäubendes Gift, er allein verdirbt die Keime, nur er zerstört nachweislich alle Gewebe des Körpers, untergräbt den Charakter und tötet den Geist. Er steht allen Erneuerungsbestrebungen drohend im Wege; räumt ihn weg und der Tabak ist um die Hälfte seiner Verehrer gebracht, der Geschmack wird wieder natürlich, sehnt sich nicht nach Reizmitteln, erkennt die Lieblichkeiten des Süßen und Reizlosen. Zahlreich sind die Schattenseiten der gegenwärtigen Lebensweise, und Reformen auf allen Gebieten tun not; schwer ist es aber für die Allermeisten aus äußeren und inneren Gründen, so durchgreifende Änderungen ihrer Daseinsart vorzunehmen; wer zu viel verlangt, erreicht wenig oder nichts. Darum erscheint es als Gebot der Klugheit sich auf das bei weitem wich-

---

[2] Alle seien bei dieser Gelegenheit empfehlend aufmerksam gemacht auf die vortreffliche Schrift: Fleischkost und Pfanzennahrung von Dr. med. Gustav Selß, Preis geheftet M. 1,40, gebunden M. 1,80. Verlag Melchior Kupferschmid, München.

tigste zu beschränken und den Genuß der Rauschgetränke zu verbannen. Kein Zweifel, daß den anderen Fortschritten dadurch die Wege geebnet werden.

Hier ist wohl der Platz, um den so oft und so gedankenlos gegen die Enthaltsamen geschleuderten Vorwurf zurückzuweisen, sie trieben Askese und wollten die Menschen zu einer genußfeindlichen Weltanschauung bekehren. Es soll hier über die Berechtigung asketischer Lebensweise gar nicht gesprochen werden – die Frage ist gewiß gestattet, ob der Verzicht auf Sinnengenüsse nicht größeres Glück gewährleistet als sie selbst es vermögen – dies ist deshalb überflüssig, weil die Alkoholenthaltsamkeit nicht das mindeste mit Askese zu tun hat und die Abstinenten gerade das Gegenteil der Genußfeindlichkeit zu ihren Grundsätzen zählen. Die Menschen sollen sich des Lebens freuen, sie sollen genießen! Auch den sinnlichen Genüssen sollen sie sich nicht ganz entziehen, wenn auch freilich die jetzt herrschende Genußsucht als Entartungszeichen zu betrachten und daher zu bekämpfen ist. Der Genuß der alkoholischen Betäubung, der ihnen genommen werden muß, weil er mit dem Aufschwunge und dem Fortschritte in unlösbarem Widerspruche steht, soll ihnen durch eine Reihe anderer, weit schönerer, wertvollerer, erstrebenswerterer Genüsse ersetzt werden, die Kultur und Wohlstand fördern anstatt sie zu vernichten. Askese ist Abkehr von der Welt, Verzicht auf ihre Freuden; ist denn wirklich der Rausch der Inbegriff des Vergnügens, der Freude auf Erden? Er ist es heutzutage leider tatsächlich für eine ganz große Zahl von Menschen: aber diese Verblendeten zu lehren, daß es so viel Schönes gibt, von dem sie in ihrer Betäubung nichts wissen, woran sie keine Freude haben, sie herauszuführen aus dem Sumpfe, in dem sie dahindämmern, ohne des Lebens wahre Herrlichkeiten auch nur erkannt zu haben, das sollte Askese sein?

Und noch eins. Auch der Vorwurf wird alle Tage gegen die Abstinenten erhoben, daß sie die Freiheit bekämpfen und die Menschen der freien Selbstentscheidung darüber berauben wollen, ob sie trinken dürfen oder nicht. Es ist hier nicht der Ort, um den Begriff der Freiheit philosophisch zu zergliedern; bekanntlich denken sich die Menschen unter Freiheit sehr verschiedene Dinge und die meisten stellen sich darunter etwas vor, das möglichst viel Unbeschränktheit – für sie selbst und gar große Gebundenheit – für die Anderen bedeutet. Die Abstinenten aber tasten die Freiheit in gar keiner Richtung an. Die äußere nicht, weil ihnen dazu vorerst alle notwendigen Behelfe fehlen; sie bilden eine verschwindende Minderheit, Regierung und Verwaltung sind ihnen unzugänglich und feindlich, die Presse und öffentliche Meinung betrachtet sie mißtrauisch. Wie wollten sie die äußere Freiheit antasten? Und die innere? Eben die wollen sie ja erst erkämpfen, da sie durch die zwingende Überlieferung, durch die das Urteil verwirrenden Künste des Alkoholkapitals, durch tausend Vorurteile und durch die gehirnvergiftende Wirkung des Betäubungsmittels verloren gegangen ist. Wie weit die Unfreiheit dem Genusse der Rauschgetränke gegenüber geht, weiß jeder, der versucht hat, der Enthaltsamkeit neue Anhänger zuzuführen; Menschen, die von der Richtigkeit und Unanfechtbarkeit der Beweisgründe ganz überzeugt sind, die der Verzicht auf den Trunk durchaus kein Opfer kosten würde, zögern und zaudern und sagen zuletzt Nein, nur weil sie den Mut nicht aufbringen, sich von der allgemeinen Anschauung frei zu machen. Die mehr oder minder zugestandene Schlußfolgerung »was so viele Menschen seit so langer Zeit getan haben und noch tun, kann denn doch nicht ganz schlecht sein«, ist für den Durchschnittsmenschen schier unüberwindlich; und die Sorge, da oder dort anzustoßen, dem oder jenem wehe zu tun, von Hans oder Kunz verspottet zu werden, zwingt Leute zum Trinken, ja selbst zum Saufen, denen es nicht nur keinen Spaß, sondern Pein bereitet. Und da will man von Freiheitsberaubung sprechen, wo doch klarer Weise erst durch Verzicht auf die Teilnahme an der Trinksitte, durch Lösung der Bande, in die die Seele durch den betäubenden Stoff geschlagen war, Unabhängigkeit und Vorurteilslosigkeit, die Erfordernisse freier Selbstbestimmung, geschaffen werden?

Es ist richtig, daß die Abstinenten sich mit dem nach Ansicht jedes »echten« Deutschen teuflischen Plane tragen, die Rauschgetränke gänzlich auszurotten und dazu auch die Hilfe der Gesetzgebung in Anspruch zu nehmen; das Ziel ist wirklich das Staatsverbot der Erzeugung und Einfuhr aller alkoholischen Getränke mit bestimmten, sehr enge gezogenen Ausnahmen, und zwar soll dieses Verbot wirksamer und tatkräftiger durchgeführt und überwacht werden als dies in den meisten Verbotsstaaten Nordamerikas geschieht, wo sich jeder nach Gutdünken aus dem Nachbarstaate so viel zu seinem Hausbedarfe einführen darf wie ihm beliebt und nach amerikanischer Art auch Polizei und Verwaltung und Richter keineswegs über alle Anfechtungen erhaben sind. Ja, die Abstinenten sind wirklich so herrisch gesinnt, daß sie denen, die sich nicht freiwillig vom Becher trennen können, die Qual der Wahl durch ein Muß ersparen wollen. Aber sie sehen in dieser offen zugestandenen Absicht durchaus nichts Schändliches oder Unstatthaftes. Es versteht sich von selbst, daß die Durchführung einer derartigen Maßregel erst dann geplant und möglich ist, wenn die überwiegende Mehrheit und darunter die geistigen und politischen Führer des Volkes von ihrer Notwendigkeit und Durchführbarkeit überzeugt sein werden; die Abstinenten sind Demokraten, sie beabsichtigen keine Gewaltmaßregel, keinen Staatsstreich, sie warten, bis das freie Volk durch unbeeinflußte Entschließung den Alkohol aus seinen Marken verbannt. Die Minderheit muß sich dann freilich fügen, aber das muß sie ja in anderen Beziehungen auch, warum nicht in einer Frage, die durchaus nicht Sondersache ist noch sein kann, weil sie an die wichtigsten gesellschaftlichen Aufgaben, an Rassentüchtigkeit, Volksgesundheit, öffentliche Wohlfahrt usw. rührt. Man hat ja auch nicht gewartet, bis die Sklavenhalter freiwillig ihre Sklaven entlassen haben, sondern man hat sie dazu gezwungen und schwere Strafen auf die Sklaverei gelegt; und der Staat erläßt jeden Tag neue Verbote und Befehle, leider sehr oft auch solche, die keineswegs dem Willen der Mehrheit entsprechen, nicht der Wohlfahrt des Volkes dienen, sondern zu Gunsten einer oft nur kleinen, aber herrschenden Minderheit erzwungen werden. Solche wollen die Abstinenten durchaus nicht, sie verwerfen vielmehr alle Verordnungen und Gesetze, die unbekümmert um das verführerische und betäubende Wesen der Rauschgetränke ihre unglücklichen Opfer als strafbar hinstellen anstatt sie den Kranken gleich, zu denen sie ja gehören, zu behandeln und zu heilen, die gestatten, daß die Trinksitten fortwüten und dank den ungeheuren Anstrengungen der Gewinn ziehenden Kreise immer neue Hunderttausende in ihre Netze ziehen, den der Verführung Erlegenen aber entehren und entrechten. Es sei zugegeben, daß der Gesetzgeber hier unter dem Zwange eines vorerst kaum zu schlichtenden Widerstreites handeln muß, denn er kann die nach Volksgewissen und öffentlicher Meinung zulässigen Trinkgewohnheiten nicht als unsittlich verurteilen, kann sie nicht für alle unglückseligen Folgen verantwortlich machen, wie er es tun mühte, wenn er gerecht sein wollte. Zur Erläuterung: wenn in einer »lustigen« Gesellschaft ein Schwächling, der weniger vertragen kann, zum Stichblatte gewählt und zum allgemeinen Spaße betrunken gemacht wird, wobei das Opfer vielleicht verzweifelten Widerstand leistet, also ganz gegen seinen Willen ins Unglück gerät und in der Umnebelung einen Totschlag begeht oder sonst etwas anrichtet, so wird sowohl die öffentliche Meinung als auch der Richter nicht die guten Freunde sondern den Täter selbst zur Verantwortung ziehen, wenn nicht ganz besondere Umstände mitsprechen. Trinken, zum Trinken verleiten ist zulässig, unmäßig Trinken durchaus nicht verpönt – so lange sich nichts dabei ereignet! Dann aber wendet sich das Blatt rasch und die liebenswürdigen Freunde wandeln sich in strenge Sittenrichter.

Anders die Enthaltsamen. Sie maßen den weitaus größeren Teil der Schuld den Verführern, der Trinksitte, der Überlieferung, dem unwürdigen Zwange bei, sie begreifen, daß der Trinker nicht durch freie Willensübung seinem Schicksale verfallen ist; sie geben sich aber auch nicht die vergebliche Mühe, die Trunksucht aus der Welt schaffen, die Unmäßigkeit ausrotten und dabei die Trinksitten erhalten zu wollen. Das geht nicht! Unter tausend Menschen gibt es und wird es stets eine bestimmte Zahl von Leuten mit verminderter Widerstandsfähigkeit gegen den Alkohol geben; das ist ein statistisches Gesetz wie es deren so viele gibt. So lange daher geistige Getränke genossen werden, so lange wird es auch Trunksucht mit ihren verderblichen Folgen geben, so lange werden die Irren- und Krankenhäuser, die Friedhofe, die Gefängnisse, die Arbeitsanstalten, Idioten- und Waisenhäuser, die Armen- und Siechenheime von ihr gefüllt werden, wird man Richter und Polizisten bezahlen müssen, um die Gesellschaft vor den Früchten ihres eigenen Tuns zu schützen.

Die Enthaltsamen fühlen sich um so weniger veranlaßt eine derartige Sisyphusarbeit zu vollbringen, als sie nicht einen einzigen vernünftigen Grund kennen – trotz der heftigen Erbitterung, mit der sie befehdet werden, konnte man ihnen keinen solchen nennen – der sie bewegen könnte, von dem Kampfe gegen die Trinksitten abzustehen, der einzig und allein Erfolg verspricht, ja mehr als das, gewaltige Erfolge bereits aufzuweisen hat, während der Jahrtausende alte Feldzug gegen die Unmäßigkeit bis auf den heutigen Tag unfruchtbar geblieben ist. Nicht einen einzigen Grund! Denn die so häufig an sie gerichtete Frage, ob denn ein bißchen Wein oder Bier *schade*, beantworten sie mit vollem Rechte mit der Gegenfrage, ob denn ein bißchen Bier oder Wein etwas *nütze*, eine Frage, die nur mit Nein beantwortet werden kann; und die weitere Frage, warum man denn *nicht* trinken solle, beantworten wir mit der viel wichtigeren: »Ja, warum sollen wir denn trinken?« Überlieferung und Herkommen und Frommsinn flößen uns keine Achtung ein, jeder Fortschritt muß über Perücken hinweg. Nutzen stiftet der Genuß der Rauschgetränke weder im großen noch im kleinen, das lehrt die Wissenschaft mit solch unantastbarer Sicherheit, daß jeder Zweifel verstummen muß. Der Widerspruch der an den Genuß gewöhnten Menschen, die ja fast alle an Alkoholsucht leiden, da man berechtigt ist stets von solcher zu sprechen, wenn eine Unterbrechung des Genusses unangenehme Gefühle, Abstinenzerscheinungen und das Verlangen nach neuerlicher Zufuhr hervorruft, kann unmöglich in die Wagschale fallen, da sie eben unter der Herrschaft des Gehirngiftes stehen, auch wenn sie es weder wissen noch natürlich zugeben wollen. Auch die Opiumesser schreiben dem Opiumgenusse eine ganz hübsche Reihe nützlicher und erfreulicher Wirkungen auf den Organismus zu, die indischen Ärzte loben seinen günstigen Einfluß bei vielen Krankheiten, von dem man in Europa nichts weiß, sogar die barbarische Sitte, den Säuglingen Opium zu reichen, findet unter den unter der unwiderstehlichen suggestiven Gewalt einer Volkssitte stehenden Priestern, Beamten und Ärzten jenes Landes Fürsprecher, ja, was besonders lustig klingt, das Opiumessen wird von maßgebender Seite begünstigt, weil es wirksamen Schutz gegen das Vordringen des bedeutend gefährlicheren – Alkohols gewährt! Genau so malen in Europa die Freunde und Verteidiger der Trinksitten den Teufel des Opiums und des Morphiums an die Wand und wissen Schauermären davon zu erzählen, welch schreckliche Ersatzmittel die Alkoholabstinenten gebrauchen und wie das der Rauschgetränke beraubte Volk nach Äther und Kokain greifen werde, um sein Bedürfnis nach Reizmitteln zu befriedigen.

Natürlich sind das Gespenster, die vor dem hellen Sonnenschein der Wissenschaft und der Beobachtung verfliegen. Es gibt kein natürliches, sondern nur ein anerzogenes Bedürfnis nach Reizmitteln; und dies kann eben so gut durch Erziehung und Aufklärung auch wieder verdrängt werden. Man spricht wie von einer fest bewiesenen Tatsache davon, daß die zeitgenössische Entwicklung, besonders das Großstadtleben, die Hast des Erwerbskampfes, der Mangel an guter Luft, die einseitige, falsche, das Eiweiß und besonders das Fleisch unsinnig überschätzende Ernährungsart das Bedürfnis nach Reizmitteln hervorrufe und diese förmlich unersetzlich mache. Ich bestreite, daß dieser ursächliche Zusammenhang bewiesen ist; mir scheinen die Erfahrungen vielmehr zu zeigen, daß der Mensch unter allen Umständen nach sämtlichen Reizmitteln greift, die ihm geboten und angepriesen werden, besonders gewiß dann, wenn sie durch eine mehr oder minder lang bestehende Sitte bereits sozusagen erblich geworden sind. Der Förster im Walde und der Hirt auf der Alm rauchen und trinken nicht weniger als der Kutscher oder der Maurer in der Weltstadt, die Bäuerin schluckt täglich ein paar Liter Kaffee so wie die Verkäuferin im Warenhause usw. Wenn in der Stadt und besonders in der Großstadt mehr verbraucht wird an Genußgiften, so liegt dies einzig und allein daran, daß sie dort leichter zu haben, Gelegenheit und Verführung besser ausgestaltet sind. Die sogenannten Reizmittel, die ja in der Tat diesen Namen mit Unrecht führen, bieten einen sinnlichen Genuß, der mit einem Mindestaufgebot von Geld, Verstand, geistiger und körperlicher Kraft erworben werden kann; sinnliche Genüsse werden von den Menschen geschätzt und erstrebt, sobald sie einmal kennen gelernt wurden, sie werden mit um so größerer Gier ersehnt, je tiefer die Wirkung auf das Nervensystem geworden ist und je mehr dieses dann in einem krankhaftem Zustande ist, der die Wiederzufuhr mit Ungestüm fordert. Das alles hat mit Menschheitsentwicklung und ihren Schattenseiten nichts zu tun; und so sehr ich den Kampf gegen diese letzteren billige und unterstütze, muß ich doch den Einwand gegen die Enthaltsamkeitsbestrebungen als haltlos zurückweisen, der oft von sehr ernster Seite erhoben wird: die Ausrottung des Reizmittels Alkohol kann erst dann gelingen, wenn das Bedürfnis nach ihm durch Reform der gesundheitswidrigen Lebensweise zurückgedrängt worden ist; bis dahin müsse die Arbeit der Abstinenten erfolglos bleiben. Keineswegs! Die Verbesserung der verkehrten Wohnungs-, Ernährungs- und Erziehungsverhältnisse setzt vielmehr umgekehrt die vorhergehende Zurückdrängung des Alkoholgenusses voraus; man muß die Menschen zunächst nüchtern machen, dann wird man sie erst von der Nützlichkeit und Notwendigkeit überzeugen können, ihre Gewohnheiten und Sitten auch in anderer Beziehung zu ändern. Dazu gibt es nur ein einziges Mittel, es muß den Volksmassen, die so gefährlichen Nervengiften gegenüber stets unvernünftige Kinder bleiben werden, durch Erziehung, und dem Teile, der unerziehbar bleiben wird, durch Zwang die Bekanntschaft mit den verführerischen Betäubungsmitteln entzogen werden. Diesen Weg geht die Enthaltsamkeitsbewegung.

Sie hat eine merkwürdige Entwicklung genommen. Entstanden ist sie dort, wo die Wunden der Selbstvergiftung durch den Trunk am Volkskörper am schrecklichsten schwärten und schmerzten, in den branntweinverseuchten Teilen der nordamerikanischen Bundesstaaten, in Schweden, in Dänemark. Während die Gelehrten der medizinischen Wissenschaft über tiefsinnige Streitfragen grübelten und es ihrer Beachtung für durchaus unwert gehalten hätten, sich um die Trunksucht ihres Volkes zu kümmern, die Tausende aufs Krankenlager warf und in die Grube senkte, standen Männer und Frauen auf, die die Krallen des Raubtiers am eigenen Leibe gespürt hatten, sagten sich, so könne es nicht fortgehen, warfen den Becher zerschmettert in die Ecke, gingen hin und predigten und lehrten und trösteten und richteten auf. Das Trinken sei ein Laster, hieß es; nein, sagten sie, es ist eine Krankheit und wir werden euch davon heilen, kommt nur zu uns. Und sie kamen, erst wenige, dann immer mehr, endlich Hunderte, Tausende und Hunderttausende. Sie tranken nichts mehr; zuerst, da man noch den alten falschen Lehren der Bücher glaubte, schwur man nur den Branntwein ab, hielt das Bier für unschuldig und harmlos und trank es fort. Bald aber überzeugte man sich, daß es so nicht ginge, die Sucht durch die schwachen Getränke nicht minder erzeugt und genährt werde, Gesundung nur durch Verzicht auf alle, welchen Namen und Alkoholgehalt auch immer führenden Getränke erzielt werden könne. So entstanden die Enthaltsamkeitsverbände, der Guttemplerorden voran, dann das Blaue Kreuz und die große Zahl der kleineren Vereinigungen.

Und die treibende Kraft dieser ungeheuren Anstrengungen, dieser unermüdlichen Werbearbeit? Menschenliebe, Nächstenliebe, nichts anderes. Diese Arbeiter und Handwerker und Bauern fühlten das unermeßliche Weh und die schändliche Erniedrigung, das die Rauschgetränke ihrem Volke zufügten, sie suchten nach einem Mittel, um es davor zu erretten, und fanden in ihrem weder von Grübelsinn noch durch Gelehrsamkeit getrübtem Naturtriebe das einzig Wirksame: durch ihr eigenes Beispiel zu zeigen, wie man es machen könne und müsse.

Lange, lange nach ihnen kamen erst die Weisen, die »Studierten«. Da und dort hatte ein Pfarrer, ein Schullehrer, die unter dem Volke lebten und seine Schmerzen sahen und fühlten, schon mitgetan; nun aber, als sich die Bewegung am flachen Lande und in der kleinen Stadt immer mehr ausbreitete und wohl schon da und dort an die Tore der Großstadt pochte, wurden auch die Richter, die Beamten, endlich sogar die Ärzte auf sie aufmerksam. Nun ging es natürlich ohne gründliche Untersuchung und wissenschaftliche Beurteilung nicht ab. Die Wirkung des Alkohols auf den Organismus wurde nun erst nach allen Richtungen hin erforscht – ganz ist diese Arbeit auch jetzt noch lange nicht vollendet – und merkwürdig, je länger und eingehender man erforschte und untersuchte, desto deutlicher stellte sich heraus, daß die unwissenden skandinavischen und holsteinischen Guttempler im Rechte waren, wenn sie jede nützliche Eigenschaft des Trunkes leugneten und die Besserwisser auslachten, die ihm stärkende oder nährende Wirkungen zuschrieben. Langsam, sehr, sehr langsam fanden die Grundsätze der Enthaltsamkeit Anerkennung: nur zögernd wurde zugegeben, daß es Menschen gäbe, die am besten täten, ganz auf den Genuß der geistigen Getränke zu verzichten, so die Belasteten, die Kranken. Nervösen und Widerstandlosen. Mit großer Entschiedenheit wurde und wird betont, daß Kinder und Unerwachsene unbedingt vom Alkoholgenusse ferngehalten werden müßten; immer weiter wurde der Kreis der Krankheiten gezogen, bei denen strengste Abstinenz Bedingung der Genesung sei, immer kleiner das Maß bestimmt, das ein erwachsener gesunder Mensch ohne Benachteiligung seiner Gesundheit trinken könne.

Dies alles ist so zu sagen Fernwirkung der Enthaltsamkeitsbewegung. Davon aber halten die Abstinenten wenig und legen kein großes Gewicht darauf, denn Mäßigkeit, auch wenn sie noch so ernst gemeint ist, kann die Menschheit von der Trinkseuche nicht erlösen. Der Abstinent verwirft den Alkoholgenuß, weil er seine unvermeidliche Wirkung, die Erheiterung, die Betäubung, um deren willen, wie wir gehört haben, einzig und allein geistige Getränke genossen werden, für unsittlich und unvernünftig erklärt. Vermittlung ist ausgeschlossen, da gibt es nur ein Ja oder Nein. Und darum legt der Abstinent sich und jedem Mitmenschen, bei dem er soziales Verständnis und Verantwortungsgefühl voraussetzt, die einfachen und klaren Fragen vor: »Sind Trinksitte und Alkoholgenuß, als Gesamterscheinung dem Volke, der Rasse nützlich oder schädlich? Und wenn sie, wie kein Mensch auf der ganzen Erde leugnen kann, schädlich sind, wie kannst du es mit deinem Gewissen vereinigen, an einer Sitte teilzunehmen, die du als schädlich erkannt hast?« Die Überlegung, ob der mäßige Genuß, den der einzelne sich gestattet und für durchaus harmlos hält, in der Tat vollständig unschuldig ist, scheidet ganz aus; zwar wird der regelmäßige, durch Jahrzehnte fortgesetzte Verbrauch irgend wirksamer Mengen wohl niemals ganz gleichgiltig sein, aber selbst zugegeben, daß er es wäre, welche Bedeutung kann diese Erkenntnis haben, da es aus mehrfach dargelegten Gründen vollständig ausgeschlossen ist, daß jemals alle oder auch nur die meisten Menschen sich an dieses Maß halten und selbst dann wiederum so und so viele darunter wären, für die auch diese gering bemessene Menge noch zu viel wäre? Kann der einzelne die Verantwortung dafür ablehnen, daß alle jene gegen den Alkohol Überempfindlichen sich und der Allgemeinheit durch ihr Trinken so viel Übel zufügen, so lange er selbst an der Trinksitte teilnimmt und dadurch zu ihrer Erhaltung beiträgt? Wie soll denn der Schwache in einer trinkenden, die Rauschgetränke verherrlichenden Gesellschaft enthaltsam bleiben? Ist es nicht zwingende Pflicht eben der Willensstarken, Tüchtigen, die der Versuchung widerstehen können, ihm mit ihrem Beispiele voranzugehen, ihn zu stützen und zu halten? Nichts schmählicher als die Schwäche aller derer, die das Wirken der Enthaltsamkeitsverbände mit schönen Worten anerkennen, ihre Tätigkeit loben, sie als unentbehrlich bei der Trinkerrettung und Trinkerfürsorge bezeichnen und selbst auf ihr Gläschen nicht verzichten wollen. Das ist sittlicher Verfall, weiter nichts.

Dabei sind aber die Enthaltsamen sehr weit davon entfernt, ihre Zurückweisung der berauschenden Getränks etwa als besondere Heldentat, als rühmenswerte Handlung anzusehen oder angesehen wissen zu wollen. Durchaus nicht; es liegt ebenso wenig Heldenhaftes darin wie wenn jemand nicht schnupft oder nicht Opium raucht. Der Abstinent ist so sehr erfüllt von dem siegreichen Bewußtsein, eine um vieles gesündere, vorteilhaftere, die geistige und körperliche Leistungsfähigkeit begünstigende Lebensweise zu führen, wovon er nur Nutzen und nicht den geringsten Nachteil hat, daß er die Auffassung seines Tuns als »Opfer«, wie es oft bezeichnet wird, nur belächeln kann. Das Leben ohne Rauschgetränke ist doch das Natürliche, von dem sich die Menschen zu ihrem eigenen Nachteile entfernt haben; zu ihm zurückzukehren, muß jedem Einzelnen bald wahrnehmbaren Vorteil bringen; wo bleibt das Heldentum, das Opfer?

Aber der Verzicht auf Wohlbehagen, die heiteren Stunden der Betäubung, bedeuten sie denn kein Opfer? Für den, der sie gewohnt war, in dem sie wohl auch schon die Sucht nach dem gewohnten Betäubungsmittel hervorgerufen hatten, gewiß. Ehre und Anerkennung darum den tapferen Menschen, die sich zu überwinden verstanden und den Sieg über das verführerische Gift davon getragen haben: sie beschämen alle diejenigen, die ihm noch unterjocht sind. Nur kurze Zeit aber währt auch bei ihnen der Kampf: bleiben sie da fest, so winkt ihnen der schönste Lohn, denn herrlicher noch als für den, der nie gefallen, entfaltet in ihrem dem Gifte entrissenen Organismus die Schönheit des Lebens ohne Rauschgetränke ihre Reize. Dann aber, wenn die schalen Freuden des künstlichen Wohlbehagens vergessen sind oder nie gekannt wurden, bietet die Welt mit ihren unerschöpflichen Schönheiten reichlichen Ersatz, der die Rückkehr zur trübseligen Knechtschaft der Trinksitten als ganz unmöglich erscheinen läßt.

Es gibt Leute, die es für notwendig halten, der Abstinenz ein Mäntelchen umzuhängen und sie als Zweckmäßigkeitsmittel zu bezeichnen, das zur allgemeinen Mäßigkeit, dem Hochbilde und Ziele, führen solle; denn die Enthaltsamkeit Aller sei ein Traumgebilde und daher unerreichbar. Diese kleinmütige Auffassung muß zurückgewiesen werden, dem überzeugten Abstinenten ist die Lebensweise ohne Rauschgetränke keineswegs ein erzieherischer Behelf, um Mäßigkeit zu lehren und vorzubereiten, sondern sie ist ihm das Ziel, an dessen Erreichbarkeit er durchaus nicht zweifelt. Dazu ist um so weniger Ursache vorhanden, als sich die Menschen mit einer im Grunde zauberhaft raschen Entwicklung von den geistigen Getränken abwenden und die enthaltsame Lebensweise annehmen. Jahrtausende lang wurde an der Berechtigung des Trinkens nicht gerüttelt; noch nicht einmal ein Jahrhundert ist die Bewegung alt und schon sehen wir in einer Reihe christlicher Staaten den Enthalt-samkeitsgrundsatz von der Mehrheit der Bevölkerung wenigstens als lehrrichtig anerkannt und auf dem Wege zur Durchführung. Die Hindernisse, die noch entgegenstehen, werden in wenigen Jahr-zehnten überwunden sein und dann werden Schweden, Norwegen, Finland, Kanada, Neuseeland, Island und sicher ein großer Teil von Nordamerika abstinent werden. Aber mehr als das, wir erleben es mit Staunen, daß die katholische Kirche, die sich aus mannigfachen Gründen durch fast zwei Jahrtausende gegen die Enthaltsamkeit durchaus ablehnend verhalten, jetzt ihre hohe Bedeutung für die Sittlichkeit des Volles zu erkennen beginnt, daß Franziskaner Pre-digten für die Abstinenz halten, viele Tausende von Kinder in den Schutzengelbünden zum Kampfe gegen die Trinksitte erzogen wer-den. Wir stellen mit Freude fest, daß die fortgeschrittensten Parteien aller Länder, in erster Reihe die sozialdemokratischen, nicht nur im Alkoholismus den verderblichsten Feind der Arbeiterschaft und den schlimmsten Auswuchs, den bösartigsten Bundesgenossen der kapitalistischen Ausbeutung erblicken, sondern auch die aller-schärfsten Maßregeln gegen ihn in ihr Programm aufgenommen haben. Die Sozialdemokraten und Demokraten Finlands, Schwe-dens, Norwegens, Neu-Seelands treten geschlossen für das unbe-dingte Staatsverbot ein, in anderen Ländern finden sich unter den Führern und Leuchten dieser Parteien zahlreiche entschiedene Abs-tinente, die stets größeren Einfluß gewinnen. Die Beobachtung zeigt, daß das Verständnis für die Alkoholfrage und die Festigkeit des Kampfes gegen die Rauschgetränke um so erfreulicher find, je aufgeklärter, fortschrittlicher und demokratischer ein Land ist; vom selbstherrschaftlichen in tiefster Finsternis schmachtenden Rußland angefangen, wo die staatliche Schnapsbude dem Volke das Mark aus den Knochen saugt, bis zum freien, sich selbst regierenden Vol-ke in Neu-Seeland und dem volksherrschaftlichen Norwegen oder Island finden wir zahlreiche Beweise für diese Beziehungen.

So wächst der stattliche Bau, den die Bewegung heute schon dar-stellt, von Jahr zu Jahr. Die Grundlagen der Trinksitte werden all-mählich aber sicher unterhöhlt, mag auch die Wirkung, so weit sie sich in den Verbrauchsziffern dem Urteile darbietet, noch keine hervorragende sein. Aber die Anschauungen über das Trinken haben sich wenigstens in den Kreisen der denkenden Menschen schon gewaltig verschoben, die Begeisterung für den Suff, seine Wertung als Nationaltugend, als Maßstab für Kraft und Männlichkeit schwindet, die studentischen Trinkunsitten geraten in Verruf und Verfall, der Sport, das Kolonialwesen, die geänderten Auffassungen von militärischer Tüchtigkeit erzeugen ein neuzeitliches Hochbild der Mannhaftigkeit, das durch den Alkoholgenuß nicht mehr wie in früheren Zeiten nähergebracht, sondern in unerreichbare Ferne entrückt wird. Auf der ganzen Linie sind die Freunde der Rauschgetränke in die Verteidigungsstellung gedrängt, sie fühlen selbst ihre Schwäche und oft genug die Notwendigkeit, ihr Festhalten an der liebgewordenen Gewohnheit zu entschuldigen, während noch vor wenigen Jahren die Abstinenten bedrängt und zur Rechtfertigung ihres Nichttrinkens gezwungen wurden. Das Alkoholkapital führt einen verzweifelten Daseinskampf, der schon längst zu seinen Ungunsten entschieden wäre, wenn es nicht den Staat als Mitbeteiligten an seiner Seite hätte; es bedient sich in diesem Kampfe nicht immer lauterer Mittel, es greift zu Verleumdungen und Verdächtigung und Irreführung der Volksmeinung, trotzdem gelang es ihm nicht, die Fortschritte der Enthaltsamkeitsbewegung zu verzögern oder gar zu hemmen, denn ihre Beweggründe sind so wahr und so klar, daß sie unaufhaltsam zum Siege führen *müssen*. Kein Zweckmäßigkeitskunstgriff, keine um des guten Zweckes willen in den Kauf genommene Übertreibung ist die Enthaltsamkeit, sie soll nicht wieder fallen, wenn die traumhafte allgemeine Mäßigkeit durchgedrungen ist. Die Abstinenten erblicken im Genusse der Rauschgetränke eine Schmach und ein Unglück für das Menschengeschlecht und besonders für die weißen Rassen; sie hassen und verwerfen und bekämpfen ihn mit aller ihrer Kraft, weil er niederhält in den Schwaden des trüben Betäubungsglücksgefühls, Entschlossenheit und Willen zum Ausstiege lähmt und den Weg versperrt zu ihrem Hochbilde, zum Ziele des Menschengeschlechtes, zur Aufwärtsentwicklung ohne Betäubung.

Kultur ohne Betäubung.

Die Alkoholenthaltsamkeit ist keine gesundheitliche Maßregel oder ist es wenigstens nicht allein und in erster Reihe; sie ist vielmehr der wesentliche Teil einer *Welt-* und *Lebensanschauung*: nur als solche darf sie gewertet und beurteilt werden.

Selbstische Rücksichten können wohl mitsprechen, dürfen aber keineswegs vorherrschend oder ausschlaggebend sein; wer nur deshalb nicht trinkt, weil er Wein und Bier wegen Schwäche seines Magens nicht verträgt oder sich vor dem Katzenjammer am nächsten Morgen fürchtet, dabei aber die anderen beneidet, die ihrer Lust fröhnen können, die Gefahren der Trinksitten nicht erkennt und nicht bekämpft, der wird in den Reihen der Abstinenten nur ungern gesehen und geduldet. Ängstliche und eigensüchtige Menschen sind da nicht zu brauchen; über derartige kleinliche Denkart muß man sich erheben, will man am großen Werke mitarbeiten, dem Menschengeschlechts ein schöneres Dasein zu bereiten.

Der *Teil* einer Lebensanschauung, darauf muß Gewicht gelegt werden, nicht etwa sie selbst. Die Abstinenz ist kein Ideal, kann keines sein, weil sie etwas Aufhebendes und daher an sich Ungenügendes ist. Der Mensch, der nichts trinkt, kann dabei, das bedarf wohl nicht erst der Betonung, ein ganz minderwertiger, verächtlicher Geselle sein; und wir können uns vorstellen, daß auch ein die Rauschgetränke in Acht und Bann legendes Volk auf tiefer gesellschaftlicher und sittlicher Stufe steht. Darum schätzen und pflegen die überzeugten Abstinenten die Ausrottung der Trinksitte nur insofern, als sie in ihr die notwendige Vorbedingung zu einem dem heutigen Kulturstande weit überlegenen Entwicklungsgrad sehen.

Noch ein anderer weit verbreiteter und von den Feinden der Abstinenzbewegung zum Schaden und zum Spotte immer aufs neue wiederholter Irrtum bedarf der Richtigstellung. Kein denkender Anhänger der Enthaltsamkeitsidee wird in der Trinksitte die einzige Ursache alles Leides und Unheils erblicken, wie dies so oft behauptet wird. Die Zahl dieser Ursachen ist groß, es gibt viele darunter, die ebenso verbreitet, eingewurzelt und gefährlich sind wie der Genuß der betäubenden Gifte; ich zweifle nicht daran, ebenso wenig tun es die Gesinnungsgenossen. Wir müßten blind sein oder für die gesellschaftliche Entwicklung nicht das mindeste Verständnis haben, wenn wir das leugnen oder verkennen wollten.

Aber diese Einsicht kann an der Unanfechtbarkeit unserer Grundsätze nicht das mindeste ändern. Mag die Zahl der zu bekämpfenden Übelstände noch so groß sein; sicher ist, daß kein einziger von ihnen auszurotten sein wird, so lange die Trinksitte herrscht und die Rauschgetränke ihren verderblichen Einfluß auf Körper, Geist und Charakter der Einzelnen und Völker ausüben können. Wird der Umsturz des Bestehenden in vielen Beziehungen tiefgreifendste Änderung der sozialen Grundsätze des Besitzes, Gütertausches, Unterrichtes, der Lebensweise und der sittlichen Überzeugungen sich vollziehen müssen, bevor das heißersehnte Ziel der Höchstkultur *Aller* erreicht werden kann, Bedingung für diese Erneuerung des Völkerlebens ist das Erwachen aus dem künstlichen Behagen der alkoholischen Anheiterung, die vollste Klarheit und Reinheit des Denkens und Fühlens. So lange die Gehirne und die Keimzellen planmäßig vergiftet und verdorben werden und die Herrschaft über die Massen denen zufällt, die sich durch Schlauheit und Verführung der widerstandslosen Opfer des Trunkes und der entnervten Nachkommen der Trinker zu bemächtigen verstehen, kann und wird es nicht anders und nicht besser werden.

Die Abstinenten sind gewiß die letzten, die den maßgebenden Einfluß der Wirtschaftsordnung, der materiellen Verhältnisse, des Erwerbslebens auf die körperliche und geistige Entwicklung der Völker übersehen oder in seiner Bedeutung herabsetzen; gesellschaftliche Entwicklung ist darum nach ihrem Dafürhalten eine selbstverständliche Bedingung für die Aufwärtsbewegung des Menschentums. Aber sie sehen ein und werden nicht müde, es immer wieder allen Kämpfern für sozialen Fortschritt vor Augen zu führen, daß gerade er durch nichts so gehemmt und verzögert, ja geradezu unmöglich gemacht, in sein Gegenteil, in sozialen Rückschritt umgewandelt wird wie durch die Alkoholisierung der Völker. Die Trinksitte ist der beste und verläßlichste Bundesgenosse aller jener Elemente, die aus Eigeninteresse und Klassenrücksichten den Aufstieg der Unterdrückten aufzuhalten suchen.

Warum? Weil es ein folgenschwerer Irrtum ist, die innere Befreiung der Menschen, ihre sittliche Neugeburt, den Aufstieg zu jener Vollkommenheit des Lebens und der Seele, die wir als Vorbedingung für *wahres* menschliches Glück betrachten müssen, von der Besserung der wirtschaftlichen Verhältnisse *allein* zu erwarten und der Entartung, dem sittlichen, geistigen und körperlichen Verfalle freien Lauf zu lassen in der falschen Hoffnung, all das werde durch den sozialen Umschwung von selbst sich zum Guten wenden. Welch verhängnisvolle Täuschung! Diese verdorbenen Menschen werden den Weg zum erhofften Paradiese niemals finden, weil sie in ihrem dumpfen Behagen, in der Zufriedenheit der Alkoholbetäubung des mühevollen Suchens bald überdrüssig werden, sie können diesen Weg nicht gehen, weil er steinig und steil und ermüdend ist, ihre geschwächten Glieder, ihr siech gewordener Wille, ihre irregeleitete Einbildungskraft zu solcher gewaltiger Anstrengung aber unbrauchbar geworden ist. Selbst wenn sie aber allen diesen Hemmnissen zum Trotze das Ziel doch erreichen sollten, würden sie es nicht zu behaupten vermögen und von den nimmer rastenden Feinden alsbald wieder aus dem gelobten Lande verjagt werden, in dem nur ganze und wahre Menschen die großen Anforderungen zu erfüllen imstande sein werden, die Vorbedingung eines glücklichen Daseins sind; sonst wird es ein Jammertal wie das Leben der großen Masse der heute lebenden Menschen es leider ist.

Stark, schön und gut müssen die kommenden Geschlechter darum werden, nicht vielleicht wie »in früheren Zeiten«, von denen so viel gefabelt wird, nein, sondern wie es die Menschen noch niemals waren. Nicht nach rückwärts darf unser Blick gerichtet sein, sondern nach vorwärts müssen wir schauen. Die Lebensanschauung der Abstinenten ist eine hoffnungsfrohe und lebensbejahende im weitesten Sinne des Wortes; nur wer gleich ihnen an eine herrliche Zukunft der Menschheit glaubt, nie und nimmer an der einstmaligen Überwindung des Bösen und Häßlichen zweifelt, das ungeheuere Ringen nach dem Siege über die Schwächen und Gebrechen mit Ehrfurcht schaut und seine ganzen Kräfte einsetzt, um mitzukämpfen und den Sturz der Feinde zu beschleunigen, wird den Sinn und die Bedeutung der Enthaltsamkeit fassen. Wer aber glaubt, daß die Menschheit sich niemals aus den Niederungen erheben wird, in denen sie seit Jahrtausenden wandert, daß alle Anstrengungen und

Mühe umsonst ist, der Aufstieg doch wieder mit einem Sturze endigt und die Hoffnung; auf »bessere Zeiten« zum Schlusse genarrt und geäfft werden wird, der freilich soll seinem Schoppen ja nur treu bleiben, denn für ihn muß der Kampf gegen die Rauschgetränke, so wie ihn die Vertreter der Enthaltsamkeitsidee verstehen, ein zweckloses Treiben sein. Welchen Sinn hätte es auch, die eine Krankheit zu heilen, wenn man der festen Überzeugung ist, daß an ihre Stelle sofort wieder eine andere treten wird! Dann ist es freilich vernünftiger, symptomatische Heilmittel anzuwenden, die ärgsten Leiden zu mildern, die Betrunkenen einzusperren, gegen den Branntwein zu predigen, die Biersteuern zu erhöhen und selbst zwar Mitglied irgend eines Vereins gegen das Übermaß zu werden, dabei aber seine Flasche ungestört zu leeren. Wenn die Enthaltsamkeit weiter keinen Zweck hat als den, daß nicht mehr getrunken wird, dabei aber sonst alles hübsch beim alten bleibt, dann wahrlich lohnt es sich nicht, gegen den Strom zu schwimmen, ungeheuere Arbeit und Mittel zu verschwenden, sich mit Brauern und ihren Soldschreibern in manchmal recht üble Gefechte einzulassen.

Wo sind die Kleinmütigen, die so düster und bemitleidenswert vom Leben denken? Sie irren, sie müssen irren! Die Bahn der Menschheit führt aufwärts, ihr Streben ist kein Wahn, ihr Hoffen wird in Erfüllung gehen.

Die Zeit wahrer Kultur wird kommen, jene ferne Zukunft, in der der Menschen Herz und Sinn reif geworden sein wird für die echten Genüsse und Freuden des Daseins, in den sie einsehen werden, daß Zufriedenheit und Freude unabhängig ist von wirtschaftlichen Umständen, von Besitz und Macht. Dann wird man die Gesundheit zu schätzen lernen, nicht nur die des Leibes, sondern auch die der Seele, man wird das Glück empfinden, das in der Herrschaft über sich selbst, über die geistigen Güter, über die Schönheiten der Natur und der Kunst liegt. Nicht Einzelne mehr wie in der Gegenwart werden zu diesem wahren Menschentum auserwählt sein, es wird zum gemeinsamen Besitze Aller, zu jenen Rechten gezählt werden, die mit dem Menschen geboren werden.

Wer kann auch nur an die Möglichkeit glauben, daß diese Kultur mit dem Genusse der Rauschgetränke verknüpft sein wird? Daß sie von Leuten errungen und bewahrt werden könnte, die sich beim

Schoppen zufrieden fühlen, in der Erniedrigung der alkoholischen Betäubung Genuß suchen und finden, die Unlustgefühle des Daseins durch das betäubende Gift unterdrücken, ihre Willenskraft, ihren Charakter durch die Vergiftung der Gehirnzellen verderben, die wahre Genußfähigkeit durch die Gewöhnung an das allergemeinste Genußmittel untergraben? Da klafft ein Widerspruch, der unüberbrückbar ist. Dem Einzelnen vielleicht mag es gelingen, da kann besondere Kraft, ungewöhnliche Anlage über die verderblichen Wirkungen des Giftes Herr werden, Selbstbeherrschung, Erziehung auch das Schwerste möglich machen. Nicht so bei den Völkern; ein trinkendes Volk, in dem die Sitte mit all ihren Gefahren, Ausschreitungen, Verführungen und Zerstörungen herrscht, kann niemals allgemeiner Kultur teilhaftig werden, stets wird sich der Alkoholgenuß wie ein Bleigewicht seinem Ausstiege widersetzen. Die tausend- und abertausendfachen Beispiele dafür, daß der Trunk, sei er nun mäßig oder unmäßig, sich als Kulturhindernis allerersten Ranges zeigt, Roheit, Gemeinheit, Plattheit, Charakterlosigkeit, Schwäche, Krankheit und Entartung herbeiführt und vergrößert und vermehrt, sprechen mit solcher Deutlichkeit, lassen sich so wenig widerlegen und entkräften, daß die Unanfechtbarkeit unseres Hauptgrundsatzes: »Die Trinksitte ist der Feind der Kultur, diese kann nur erreicht werden durch Ausrottung der Rauschgetränke«, nicht erschüttert werden kann. Darum *muß* jeder enthaltsam sein oder werden, der sich mitverantwortlich fühlt für das Wohl seiner Mitmenschen, sich der Pflicht bewußt ist, sein Leben und seine Handlungsweise so einzurichten, daß sie der Allgemeinheit nicht zum Anstoße, sondern zum Heile werde. Ob er selbst das gewohnte Glas verträgt oder nicht, ob es ihm schadet, ob ein paar Gramm Alkohol bei dieser oder jener Krankheit nützlich sind, ob die Leberschrumpfung etwas häufiger oder seltener bei den Säufern auftritt, all das hat mit der großen Frage nichts zu tun, *ob der sittliche Mensch die Teilnahme an einer Sitte ablehnen muß, die so ungeheueres Elend erzeugt und mit echter Kultur unvereinbar ist.*

Wer diese Frage bejaht und auf die Rauschgetränke verzichtet, nimmt wahrhaftig kein Opfer auf sich; frei zu sein von der Sucht nach Betäubung, um so viel reicher zu werden an Leistungsfähigkeit, Gesundheit und Genußfreude ist wahrlich vielfältiger Ersatz für das Behagen der Alkoholbetäubung, die nur dem unter der

Herrschaft des Giftes Stehenden begehrenswert erscheint. Für den Einzelnen und für die Völker ist das Leben ohne Rauschgetränke schöner und wertvoller, der Verzicht auf sie öffnet den Weg zum Reinen und Großen. Darum schreitet die Enthaltsamkeitsbewegung ihre siegreiche Bahn dahin, mehren sich ihre Anhänger von Tag zu Tag, geht die Trinksitte langsam zwar, aber sicher ihrem Untergänge entgegen. Alle aber, die mithelfen wollen, ihr Volk zu wahrem Glücke und zu wahrer Größe emporzuführen, mögen in die Reihen der Streiter gegen die Rauschgetränke treten. Dann werden sie gleich *Helmut Harringa* von sich sagen dürfen, daß sie *Kämpfer sind im Heere des Lichtes*.

Über tredition

Eigenes Buch veröffentlichen

tredition wurde 2006 in Hamburg gegründet und hat seither mehrere tausend Buchtitel veröffentlicht. Autoren veröffentlichen in wenigen leichten Schritten gedruckte Bücher, e-Books und audio-Books. tredition hat das Ziel, die beste und fairste Veröffentlichungsmöglichkeit für Autoren zu bieten.

tredition wurde mit der Erkenntnis gegründet, dass nur etwa jedes 200. bei Verlagen eingereichte Manuskript veröffentlicht wird. Dabei hat jedes Buch seinen Markt, also seine Leser. tredition sorgt dafür, dass für jedes Buch die Leserschaft auch erreicht wird.

Im einzigartigen Literatur-Netzwerk von tredition bieten zahlreiche Literatur-Partner (das sind Lektoren, Übersetzer, Hörbuchsprecher und Illustratoren) ihre Dienstleistung an, um Manuskripte zu verbessern oder die Vielfalt zu erhöhen. Autoren vereinbaren direkt mit den Literatur-Partnern die Konditionen ihrer Zusammenarbeit und partizipieren gemeinsam am Erfolg des Buches.

Das gesamte Verlagsprogramm von tredition ist bei allen stationären Buchhandlungen und Online-Buchhändlern wie z. B. Amazon erhältlich. e-Books stehen bei den führenden Online-Portalen (z. B. iBookstore von Apple oder Kindle von Amazon) zum Verkauf.

Einfach leicht ein Buch veröffentlichen: **www.tredition.de**

Eigene Buchreihe oder eigenen Verlag gründen

Seit 2009 bietet tredition sein Verlagskonzept auch als sogenanntes "White-Label" an. Das bedeutet, dass andere Unternehmen, Institutionen und Personen risikofrei und unkompliziert selbst zum Herausgeber von Büchern und Buchreihen unter eigener Marke werden können. tredition übernimmt dabei das komplette Herstellungs- und Distributionsrisiko.

Zahlreiche Zeitschriften-, Zeitungs- und Buchverlage, Universitäten, Forschungseinrichtungen u.v.m. nutzen diese Dienstleistung von tredition, um unter eigener Marke ohne Risiko Bücher zu verlegen.

Alle Informationen im Internet: **www.tredition.de/fuer-verlage**

tredition wurde mit mehreren Innovationspreisen ausgezeichnet, u. a. mit dem Webfuture Award und dem Innovationspreis der Buch Digitale.

tredition ist Mitglied im Börsenverein des Deutschen Buchhandels.

Dieses Werk elektronisch lesen

Dieses Werk ist Teil der Gutenberg-DE Edition DVD. Diese enthält das komplette Archiv des Projekt Gutenberg-DE. Die DVD ist im Internet erhältlich auf **http://gutenbergshop.abc.de**

Zeitfracht Medien GmbH
Ferdinand-Jühlke-Straße 7
99095 Erfurt, Deutschland
produktsicherheit@kolibri360.de